W0066182

Jens Prüss

Düsseldorf vs. Köln
Köln vs. Düsseldorf

Der Zwist zwischen Düsseldorf und Köln ist weithin bekannt. Aber gibt es ihn überhaupt? Aufgeklärte Menschen sehen höchstens folkloristische Züge in dieser Städtefeindschaft. Es macht halt Spaß, über den Nachbarn herzuziehen. Oder stecken historische Erfahrungen hinter den liebevoll gehegten Abneigungen? Liegen vielleicht doch veritable Leichen in den Ratskellern? Uralte Kränkungen und Konkurrenzkämpfe, die in Vergessenheit geraten sind? Jens Prüss begibt sich auf „genetische" Spurensuche. Was hat die Städte zu dem gemacht, was sie sind? Was ist dran an den Charaktereigenschaften des toleranten Kölners und des Düsseldorfer Dandys?

Jens Prüss, 1954 in Rottweil am Neckar geboren, wuchs trotz der kölschen Wurzeln seiner Mutter in Düsseldorf auf. Von 1992 bis 1995 verschlug es ihn als Hörspiellektor beim WDR dann doch in die Domstadt. Prüss veröffentlichte mehrere Bücher, Kulturkritiken und Hörspiele. Seit 1997 als Kabarettist tätig, schreibt er Glossen für *Die Zeit* sowie die *Süddeutsche Zeitung* und ist Mitarbeiter des Berliner Satire-Magazins *Eulenspiegel*.
Infos auch unter: www.jens-pruess.de

Jens Prüss

Düsseldorf vs. Köln
Köln vs. Düsseldorf

Droste Verlag

Bibliografische Informationen der Deutschen Nationalbibliothek

Die Deutsche Nationalbibliothek verzeichnet diese Publikation in der Deutschen Nationalbibliografie; detaillierte bibliografische Daten sind im Internet über http://dnb.d-nb.de abrufbar.

© 2010 Droste Verlag GmbH, Düsseldorf
2. aktualisierte Auflage 2014
Umschlaggestaltung: Guido Klütsch, Köln
Satz: Droste Verlag
Druck und Bindung: freiburger graphische betriebe, Freiburg
ISBN 978-3-7700-1391-3

(Sollten in der Redaktion oder im Literatur- und Quellenverzeichnis Fehler unterlaufen sein, durch die Rechte Dritter verletzt werden, bitten wir, dies zu entschuldigen. Hinweise und Änderungen nehmen wir gerne entgegen.)

www.drosteverlag.de

Meiner geliebten Mutter,
die in Köln als Novizin im Schulorden der
SCHWESTERN DER CHRISTLICHEN LIEBE *das Dienen*
lernte, aber zum Entsetzen der Nonnen einen
feschen Protestanten heiratete, der sie auch noch
nach Düsseldorf entführte.

Was drin ist

WIE DIE IDEE
BEILÄUFIG ENTSTAND

⬇

➡ Ulrich meinte später, ohne Alkohol wäre das nicht passiert. „Na ja", sagte ich, „wenn du Bier unbedingt dem Alkohol zuordnen willst."

Egal. Wirklich schlimm war der Vorfall ja auch nicht. Aber immerhin erhellend. Ulrich zählt insofern zu den Mitschuldigen, als er uns alle in seine urige Wohnküche nach Benrath eingeladen hatte. Die meisten von uns hatten sich seit über zwanzig Jahren nicht mehr gesehen, weshalb auch wirklich alle kamen. Allein schon aus Neugierde, um zu sehen, was das Leben aus den Kindergesichtern geschnitzt hatte. Vom Bodensee, aus Berlin und Göttingen waren sie gekommen. Sogar Michael beehrte das Veteranentreffen, wenn auch wie üblich schwer verspätet, da hatten wir schon den ersten Gipfel erklommen. Die Stimmung war inzwischen gelöst. Michael erkämpft seinen Unterhalt als freier Journalist in Köln und brachte seine neue Flamme mit: Renate, eine Stuttgarterin, die in Düsseldorf arbeitet, aber in der Domstadt wohnt. Und das mit Leidenschaft, wie sie gleich zu Beginn hinausposaunte. „Also 'ne Immi", kommentierte Ulrich trocken den schwäbischen Enthusiasmus. Worauf Michaels Neue die Arme in die Höhe riss, mit den Hüften verwegen ruderte und sang: „Ich bin 'ne Immi, 'ne kölsche Immi". Diese Tanzwut brachte uns alle zum Lachen. Denn bis dahin hatte sich die Neue in Geist und Körpersprache eher schwäbisch verhalten, also seeehr kontrolliert. Weshalb der Temperamentausbruch etwas überraschend wirkte. So als würde Angela Merkel am Rednerpult plötzlich ein paar Tangoschritte wagen.

Michael applaudierte hingerissen, nahm seine heißblütige Konvertitin in den Arm und grinste triumphierend in die Runde. Vermutlich, weil wir nun alle gesehen hatten, dass er mit einer rassigen Römerin liiert war. Köln hatte das gemacht. Und wir waren die armen Trottel, die sich noch immer mit germanischem Trockenobst zufriedengaben. Diese Interpretation muss nicht stimmen. Aber Ralph wird das Grinsen so ausgelegt haben, sonst wäre er niemals in die Offensive gegangen. Normalerweise zieht er an seiner Pfeife und hört zu, weshalb er sich mit Katrin aus Oldenburg wunderbar versteht, die ebenfalls nur in Hauptsätzen spricht. Er halte nichts von Köln, sagte er mürrisch. Zu laut die Leute und fürchterlich selbstverliebt. Das „fürchterlich" zog er in die Länge und rührte unwillig in seinem Nachtisch, einer sahnigen Schokoladenmasse. Ja, ja, na klar, konterte Renate, diese Bemerkung zeige doch wieder mal, wie überheblich die Düsseldorfer seien. (Das sagte sie ausgerechnet als Stuttgarterin!) Dabei wischte sie den rechten Zeigefinger unter der Nasenspitze weg. Woraufhin Ralph neckisch mit dem Löffel nach ihr zielte, so als wollte er ihr etwas von der Schokoladenmasse ins Gesicht flitschen. Gejohle und Gejuchze. Vor Vergnügen benahm sich Beate so, als wäre sie fünfundzwanzig und pfiff auf den Fingern. Die Stimmung war ausgelassen wie bei einem Boxkampf. Leider fehlte der Ringrichter. „Köln ohne Kirchen ist wie Gelsenkirchen", tönte es. Aber doch wenigstens eine Stadt, konterte ein anderer. „Und zwar eine mit Kultur, was man von Düsseldorf nun wirklich nicht behaupten kann!" Die Neue hatte diesen Satz abgeschossen und hüpfte vor Vergnügen. Von irgendwoher kam eine Bratwurst geflogen, traf ihre hohe schwäbische Stirn und stand anschließend senkrecht in ihrem Bierglas. Mehr solcher Zirkus-Nummern und wir müssen uns um Deutschland keine Sorgen mehr machen. Die Neue blickte verdutzt auf das Glas in ihrer Hand, aus dem die Wurst wie eine ausgestreckte Zunge ragte. Haha! Herrlich! Eine Szene zum Einnässen komisch.

„Okay", sagte sie schließlich ziemlich lang gedehnt (ist zurzeit sehr modern), „okaaaiii, ist eh das falsche Bier." Und schwupp, goss sie das Alt über Ralphs Kopf aus. Der hatte zwar nicht mit der Wurst geworfen, aber sein Nachtisch war nun eine Art Schokoladen-biersuppe und die Frisur, auf die er jeden Morgen fast eine Stunde föhnend und frisierend hinarbeitete, ruiniert. „Ohne sein Haarspray ist der Ralph ein Nichts", hatte Katrin kurz vorher noch spröde norddeutsch gespottet. Ihr Liebster, nun ein triefendes Nichts, ruckte ratlos seinen massigen Körper mal nach links, mal nach rechts. Vermutlich suchte er nach einem Loch, in das er sich verkriechen konnte. Dann aber siegte die Wut und er tippte unwirsch der Neuen an die Schulter und rief: „Du blöde kölsche Kuh!" Was nicht ganz korrekt war, zugegeben. Er hätte „Du blöde schwäbische Kuh" sagen müssen. Da Ralph ein ziemlich wuchtiger Kerl ist und selbst ein Stupser von ihm wie der Tritt eines Brauereipferdes wirkt, strauchelte die Wahlkölnerin und suchte Halt am Büfett, das sich als ziemlich instabiler Tapeziertisch erwies. Krachend und scheppernd ging sie mit den wunderbarsten multikulturellen Leckereien zu Boden, mit marokkanischem Kichererbsensalat, scharfverknofeltem Zaziki, türkischen Blätterteigwundern, eingelegten Meeresfrüchten, Oliven und deutschem Nudelsalat. Es war die rheinische Variante zu Andréa Ferréol auf Pizzateig im Film *Das große Fressen* – nur eben nicht ganz so freizügig.

Ich nutzte die allgemeine Konfusion, um heimlich die Wohnung zu verlassen. Als ich die Tür behutsam zuzog, hörte ich das Zerspringen einer Scheibe. Die Fehde zwischen Köln und Düsseldorf ging also schwungvoll in die nächste Runde.

An der Straßenbahnhaltestelle bemühte ich mich zunächst mal um eine Ordnung im Kopf. Was war da geschehen? Und warum? Leute, die sonst grenzenlos liberal waren, gingen sich aus lokalpatriotischen Gründen an die Gurgel. Völlig irrational, eine Vendetta ohne Blutrechnung. Sehen wir mal vom Kölner Peter Kürten ab, der in den Zwanzigern des letzten Jahrhunderts angeblich das Blut junger Düsseldorferinnen trank. Eine Geschmacksverirrung, die man den Domstädtern aber beim besten Willen nicht als Staatsaktion auslegen kann. Aber wo wir schon bei den Leichen sind: Vielleicht liegt ja doch die eine oder andere in den hiesigen Rathauskellern? Was wissen wir denn schon? Uralte Schändungen, die in Vergessenheit geraten sind, weil mit den Archiven versunken oder gar nicht erst schriftlich fixiert. So dachte ich vor mich hin, schnäuzte kräftig die Nase und entsorgte das Papiertaschentuch im Abfallkorb an der Haltestelle. Und siehe, auf dem Korb lag ein Buch, so als hätte es jemand wegwerfen wollen, es sich dann aber doch anders überlegt und es verschämt auf dem Rand deponiert. Verwundert nahm ich es in die Hand, es war in bordeauxrotes Leinen gebunden und wirkte sehr verletzlich ohne Schutzumschlag. *Mit dem Bösen leben* steht in weißen Lettern auf dem Buchrücken, Autor ist ein gewisser Stephen Batchelor. Ach Gott, so ein Satanstext oder – noch schlimmer – dieser Lebenshilfequark, der so viele Buchhandlungen verstopft. Müll zu Müll, denke ich, schlage aber dann doch eine Seite auf. So bin ich halt. „Dies ist ein Buch für alle, die wie ich das Gefühl haben, zwischen verschiedenen und manchmal widersprüchlichen Mythologien zu leben ...“ Donnerwetter! Hatte ich nicht in Ulrichs Wohnküche genau dieses Gefühl gehabt? Unversöhnlich waren zwei Glaubensrichtungen aufeinandergeprallt. Die Fete war Teil eines immensen kosmischen Dramas gewesen, in dem zwei Welten, nämlich Köln und Düsseldorf, glauben machen wollten, dass sie dem Suchenden die Erlösung bringen.

Aber spätestens seit Xenophanes wissen wir, dass Mythen nicht unbedingt die Wahrheit erzählen. Stimmen denn die Bilder, die wir uns von den zwei Metropolen am unteren Rhein machen? Der Mythos von der Toleranz der Kölner zum Beispiel, die Urerzählung über Düsseldorf, großspurig zu sein wie ein Ochsenfrosch. Wie wirklichkeitsnah sind diese Erzählungen? Wer hat sie auf den Weg gebracht? Wer hat sie überprüft?

In der Bahn las ich weiter und war recht angetan von der These Batchelors, dass es in der Welt keine verborgene Ordnung gibt. Unsere Existenz entbehrt jeder tieferen Bedeutung. Dann hätten auch Städte wie Köln und Düsseldorf keine tiefere Bedeutung. Eine Erkenntnis, die erst mal ausgehalten sein will. Mein Vor-Leser musste von dieser gottlosen Philosophie so beeindruckt gewesen sein, dass er das Buch, für das er immerhin 22,95 Euro bezahlt hatte, an die Öffentlichkeit weitergab. Und da hatte ich die Idee (wenn auch biergeboren): Wie wäre es denn, wenn so ein Buch über Köln und Düsseldorf an jeder Haltestelle ausläge? Das ganz in der aufklärerischen Tradition Fakten statt Vorurteile liefert. Wenn dann ein paar Düssis und kölsche Krat mal wieder aneinandergeraten, dann ruft der Vernünftigste unter ihnen: „Schluss! Aus! Und tschüss! Ich stürz mal eben runter zur Haltestelle und schlag nach bei Prüss." Frustrierend dabei ist, dass der Buddhist Steven Batchelor auch unsere wissenschaftlichen Methoden für einen Mythos hält. Nichts ist also sicher, aber selbst das ist nicht sicher. Na gut, dann wird eben auch dieses Buch nur bedingte Wahrheiten wiedergeben. Schade. Aber wie tröstet sich der Rheinländer in solchen Fällen? „Et hätt doch Spass jemaat."

▸▸ PS: Mein Verleger hat gerade das Vorwort gelesen und ziemlich verlegen gemeint, das mit den öffentlichen Plätzen solle ich mir doch bitte abschminken. Darum mein Vorschlag zur Güte: Sie kaufen sich das Buch und dann können Sie es ja doch an einem Ort Ihrer Wahl verlegen. Neben Haltestellen sind auch öffentliche Toiletten sehr geeignet. Klofrauen sind wunderbare Multiplikatoren.
Vor allem die in der Kölner Südstadt.

ERSTE
ANNÄHERUNG

⬇

➡ Von allen Seiten hagelt es nun Ratschläge, was ich zur Fehde am Rhein unbedingt lesen, anschauen, anhören, abschmecken oder abschreiten soll. So als hätte ich sieben Leben zur Verfügung. Verblüffend falsche Vorstellungen kursieren selbst in bildungsnahen Kreisen. Eine Lehrerin aus Köln behauptet Stein und Bein, die Schlacht bei Worringen hätte so ungefähr im 16. Jahrhundert stattgefunden. „Hallo", sage ich, „dann wäre Düsseldorf ja keine fünfhundert Jahre alt." „Eben", triumphiert die Lehrerin und wettet um einen Kasten Kölsch. Als Kölnerin gönnt sie dem Dorf am Düsselbach nicht mal ein Fitzelchen vom Mittelalter und mir nicht das Altbier. Immerhin durfte ich mir die Kölsch-Marke aussuchen, so weit kam sie mir dann doch entgegen.

Aufschlussreich ist, dass viele aus dem Bekanntenkreis vermuten, die Zickereien gingen hauptsächlich von Düsseldorf aus: Neurotischer Dackel kläfft selbstbewusste Dogge an. Annemarie aus Neuss stellt die Prüfungsfrage, in welcher Stadt der Köbes wohl gekränkter reagiert, wenn das falsche Bier bestellt wird. Dabei weiß sie längst die Antwort, denn ihre Mundwinkel zucken spöttisch bei der Frage. Ich halte mit dem *Eigelstein* im Medienhafen dagegen. Eine gut besuchte Kölschkneipe im Herzen von Düsseldorf. Das sind Zeichen der Toleranz! Eine Altbierkneipe hat die Domstadt nicht. (*Gilberts Pinte* im Kölner Studentenviertel bietet das braune Bier neben verschiedenen anderen Sorten an – immerhin.) Trotzdem weiterhin Skepsis bei den Neusser Freunden. Wir beschließen, beim Verlag eine Feldstudie in Auftrag zu geben, die uns erlaubt, über Wochen in Köln und Düsseldorf durch die Kneipen zu ziehen und nach dem falschen Bier zu fragen. Helmut, Annemaries etwas ängstlicher Ehemann, rät, einen Erste-Hilfe-Koffer mit auf die Forschungsreise zu nehmen. Leider zeigt der Verlag wenig Verständnis für unseren feuchtfröhlichen Weltläufigkeitstest. Kein Geld. Zum Trost drückt mir die Lektorin verschiedene Bücher in die Hand, die laut Klappentext der Feindschaft zwischen beiden Städten auf den Grund gehen. Leider tröstet mich deren Lektüre überhaupt nicht. Auf jeder Seite flüstert man mir zu: „Gib auf, pack ein und gehe nach Hause." Die Autoren finden nämlich – wenn auch wortreich –, dass es zu dem Thema nichts zu finden gibt. Ein Fazit, das mich fatal an die verdrießlichen Ergebnisse parlamentarischer Untersuchungsausschüsse erinnert. Nur: Welcher Proporz muss hier beachtet werden?

▶▶ *Köln hat eine tolle Atmosphäre, aber es ist keine schöne Stadt. Wir lieben sie, aber wir können sie uns nicht schön trinken. Düsseldorf ist eine schöne Stadt mit der Altstadt, dem Hofgarten oder der Kö. Die Kö ist die schönste Einkaufsstraße überhaupt. Einmal im Jahr fahre ich nach Oberkassel, das muss sein, auch wenn ich sonst kein großer Kirmes-Fan bin.* ◀◀
Bettina Böttinger, Fernsehmoderatorin

Fragt man den einen Rhein-Städter, warum er den anderen so hasst, kommt prompt die Gegenfrage: „Wieso nicht?"

Also alles nur ein Spiel, ein Geplänkel ohne tiefere Bedeutung, ein virtuelles Mensch-ärgere-dich-nicht? Da frage ich mich aber, wieso das Thema so viele zum Schreiben animiert. Bevor ich einpacke, zeige ich die Bücher gottlob meinem Freund Clemens-Peter, Autor und Juristen. Clemens blättert konzentriert hin und her, dann brummt er ein lang gedehntes: „Mhmm." Dabei zerknautscht sich die gesamte untere Gesichtshälfte und der Mund geht in die Breite wie bei Kermit, dem Frosch. So grimassiert er immer, wenn er ins Grübeln gerät. „Mhmm, jaaa, die Autoren unterschlagen einen entscheidenden Sachverhalt. Oder sie wissen es nicht besser. Das Stapelrecht müsste in diesem Zusammenhang unbedingt Erwähnung finden." Clemens ist von Hauptberuf Richter, diese Tätigkeit hat seine Umgangssprache ein wenig volksfern gemacht. Abgesehen davon habe ich von diesem Stapelrecht noch nie gehört. Clemens rückt an der Brille und fährt in richterlichem Ton fort: „Die Aktenstücke der *Chambre De Commerce* der Stadt Düsseldorf sollten dir eigentlich bekannt sein." „Woher?", antworte ich und rede mich damit heraus, Germanistik studiert zu haben. „Nicht selten wird gemunkelt, dass die Nachbarschaftsfehde mittelalterlicher Politik entspringe", klärt Clemens mich weiter auf. „Dabei bietet sich als Ursprung die Schlacht bei dem heutigen Kölner Vorort Worringen vom 5. Juni 1288 an." Eine Weile referiert er noch so wohlgesetzt weiter, um sich schließlich selbst zu unterbrechen: „Na ja, Worringen, ein alter Hut. Sehr viel mehr deutet die traditionell wirtschaftliche Konkurrenz der Städte auf den eigentlichen Kern der Fehde hin." Heureka! Wirtschaft!

Geld! Endlich ein handfestes Motiv für die angeblich so spielerischen Rempeleien. Beim Geld hört bekanntlich die Freundschaft auf. Ein wunderbares Sujet für Kabalen und hässliche Wunden. Würde gerne Clemens für sein Stapelrecht umarmen, unterlasse es aber, weil er beim letzten Mal völlig verstört davongelaufen ist.

It s ökonomie, stupide! Ich habe also eine Blutspur gefunden und suche einen seriösen Gesprächspartner in Köln. Überlege, WDR-Kollegen zu fragen, traue denen aber dann doch keine distanzierte Köln-Analyse zu. Zu viele Immis, die aus ihren traurigen Provinzen geflohen und im fröhlichen Taka-Tuka-Land Asyl gefunden haben. So was macht dankbar und befangen. Während ich also im Internet nachforsche, frage ich mich, wie ich vor der Erfindung der Datenautobahn solche Probleme gelöst habe. (In diesem Zusammenhang fällt mir ein befreundeter Redakteur ein, der sich vor zwei Jahrzehnten bei der Einführung des Computers sträubte, seine mechanische Erika zu verraten und dem deshalb gekündigt wurde. Gab auf der Kanareninsel La Palma eine Weile den Diogenes – bis die Leber versagte. Würde sich vermutlich im Grab umdrehen, wenn er erführe, dass intelligente Menschen, die Anatole France gelesen haben, heute vom Computer abhängig sind, um gescheite Texte zu schreiben.) Ohne Internet wäre ich aber niemalsnie auf den Historiker und Stadtführer Christian Knorpp gestoßen. Von ihm erhoffte ich mir einige Antworten zu kölschen Charakteristika: Wieso gelten Kölner als besonders tolerant? Wieso sagt man ihnen mit dem

Kölsche Wisch eine gewisse Schlampigkeit nach?
Und wieso tragen Domstädter gerne Schnauzer und
Frauenkleider?

Doch so anregend unser elektronischer Postverkehr
auch war, weiß ich immer noch nur, dass ich nichts
weiß. Auch diesem seit Jahrzehnten in Köln lebenden
Kerpener ist die nicht ganz ernst gemeinte Konkur-
renz der Städte fremd und unerklärlich geblieben.
Eventuell, so mein elektronischer Partner, sei die
Haupterklärung für die Abneigung gegen Düsseldorf
Kölns ständiger Minderwertigkeitskomplex.

Ich bin beunruhigt. Selbst gestandene Historiker eiern
also herum, wenn es um eine Erklärung zum Städte-
streit geht. Das kann ja was werden. Ich muss unbedingt noch einmal nachfragen, warum der Gelehrte
den Domstädtern einen Minderwertigkeitskomplex
unterstellt. Bisher hatte ich das fehlende Selbstbewusstsein eher den Düsseldorfern zugeordnet.

▸▸ *Wieso hat Nero Rom angezündet?*
Na, weil's Düsseldorf damals noch nicht gab! ◂◂
Christian Knorpp, Kölner Fremdenführer

Aber vielleicht gehört es ja zum Rheinländer überhaupt, eine innere Instabilität mit großen Sprüchen
zuzudecken. Ein norddeutscher Soziopath wird eh
zwischen einem Kölner und einem Düsseldorfer
keinen Unterschied feststellen. Wie denn auch bei
98,5 Prozent Übereinstimmung in den Genen? In

diesem Buch reden wir quasi über den feinen Unterschied von 1,5 Prozent. Na gut, wird jetzt der Biologe einwerfen: Das ist exakt die genetische Abweichung zwischen Mensch und Affe. Da stellt sich die Frage, wer denn hier nun der Affe ist. Am Rande von Düsseldorf gibt es ein uraltes Forstgebiet, das bezeichnenderweise Aaper Wald heißt. Für den Südtiroler Kabarettisten Konrad Beikircher, der von Bonn aus den Kölnern eifrig satirische Schützenhilfe leistet, ist die Sache eh glasklar: „Düsseldorf? Da ist doch schon der Neandertaler ausgestorben." Düsseldorfer stehen demnach in direkter Linie zum Neandertaler, sind somit zumindest Halbaffen. (Wobei ja nach neuester Forschung ein paar Neandertalgene in jedem von uns schlummern sollen. Also ein bisschen ist jeder ein Düsseldorfer.) Wie dem auch sei, für Außenstehende sehen der Düsseldorfer Aap und der Homo Colonius ziemlich gleich aus und fallen durch permanenten Unernst und ein hemmungslos taktiles Verhalten auf. Mit dem Unterschied vielleicht, dass der Düsseldorfer den Fremden bei der Schulter nimmt, während der Kölner ihn mit geschürzter Lippe feucht auf die Wange küsst.

SECHS GRÜNDE, UM GEKRÄNKT ZU SEIN

❶ ❷ ❸ ❹ ❺ ❻

Komisch, vorher nie von diesem ominösen Stapelrecht gehört. Und nun stoße ich sogar in populär geschriebenen Mittelalterromanen auf diesen kalten Fachbegriff. So ist das mit der Erkenntnis, man sieht nur, was man kennt. Und während ich die detaillierten historischen Abhandlungen studiere, begreife ich, warum die ganze Angelegenheit oft zu kurz kommt: Das Kölner Zwangsrecht schmückt nicht unbedingt. Zumindest nicht, wenn man als weltoffen gelten will. Da wird aus dem Stapel schnell ein Hochstapel. Drei Tage lang war den auswärtigen Kaufleuten die Weiterfahrt verboten. In dieser Zeit durften allein Kölner Zwischenhändler die Waren kaufen, prüfen und bei Nichtgefallen in den Rhein kippen. Klar, dass so nur das Beste vom Besten in die Kölner Küchen kam – ein Schlaraffenland. Wobei nicht unterschlagen werden soll, dass das Stapelrecht vor allem der Oberschicht nutzte.
Zu nennen sind da, neben den wohlsituierten Bürgern im Severinsviertel, der Klerus und die mächtigen Kölner Kaufmannsgeschlechter – in ihrer Machtfülle vergleichbar mit den Renaissance-Familien in Florenz –, allen voran die Overstolzen und die Weisen. Die waren vom aggressiven Auftreten ihrer Erzbischöfe bereits seit geraumer Zeit wenig amüsiert. Weshalb die Erteilung des Stapelprivilegs als versöhnliche Geste der römischen Kirche gesehen werden muss. Permanent stifteten die klerikalen Machthaber Unfrieden nach innen wie nach außen. Dagegen wirken heutige

Kirchenskandale wie ein Kinderspiel. Einer trieb es so doll, dass die Kölner ihn beinahe erschlagen hätten, Ostern 1074. Anno konnte gerade noch durch ein Loch in der Stadtmauer entwischen (heute noch im Parkhaus am Dom zu besichtigen). Er hatte sich erdreistet, das Schiff eines Kaufmanns im Kölner Hafen zu beschlagnahmen, damit sein Kumpel, der Bischof von Münster (Friedrich I.), eine angenehme Heimreise habe. Die Waren wurden kurzerhand über Bord geworfen. Man war so frei.

Der Kaufmann und vor allem sein bärenstarker Sohn wehrten sich aber, schnell kam ihnen eine aufgebrachte Menge zu Hilfe. Mer kennt sisch, mer hilft sisch. Und Anno lief um sein Leben. Die vierhundert Meter vom Rheinhafen zum alten Dom ist nie wieder ein Mann in Frauenkleidern so schnell gerannt. Vier Tage später kehrte der Gedemütigte aus Neuss mit einem Heer zurück und rächte sich drakonisch an der aufmüpfigen Bevölkerung. Die Rädelsführer, darunter der couragierte Kaufmannssohn, wurden geblendet. 1183 sprach die katholische Kirche den Missetäter Anno heilig – man glaubt es kaum.

Noch bekloppter benahm sich 1176 Erzbischof Philipp von Heinsberg, bloß weil er einen Krieg verloren hatte. Auf dem Rückzug marodierte der schlechte Verlierer mit Kölner Söldnern frustriert durchs Land und schlug alles kurz und klein, was ihm in die Quere kam. Der Ruf der heiligen Stadt war danach ziemlich ramponiert. In der bürgerkriegsähnlichen Auseinandersetzung mit dem Welfen Heinrich dem Löwen scheute der Rasende nicht mal davor zurück, Klöster niederzubrennen und die Insassen zu massakrieren; es waren ja nur welfische Nonnen und Mönche, die da Zeter und Mordio schrien. Köln hatte also eine Menge Feinde im Land. (Was eigentlich nicht neu war. Schon die Ubier waren wegen ihrer Römertreue bei den umliegenden Germanen ganz schön unbeliebt.) Aber ein Kaufmann hasst nichts so sehr wie Unruhe, die das Geschäft stört. Weshalb in die Zeit des wüsten Philipp auch der Baubeginn der großen Stadtmauer fiel, die mit zwölf gewaltigen Torburgen und zweiundfünfzig Wehrtürmen Ausdruck der bürgerlichen Verunsicherung war. Die Verteidigungsanlage geriet so massig und umfangreich, dass sie erst achtzig Jahre später fertig wurde. 1259 fiel die Stimmung zwischen Kirche und Stadtrat mal wieder so auf den Tiefpunkt, dass Erzbischof Konrad gar nicht anders konnte, als Köln endlich das heiß begehrte Stapelrecht zu verleihen. Geld heilt so manche Wunde.

Furcht vor Moses

Zu dieser Zeit war Köln aber längst eine der reichsten und mächtigsten Städte Europas und mit gut vierzigtausend Einwohnern die Nummer eins im Reich. Die päpstliche Provinz am Rhein darf man sich dabei nicht als Ansammlung gottesfürchtiger Menschen vorstellen. Die weltlichen Kirchenfürsten selbst gaben ja schon ein schlechtes Beispiel. Es ging bei den Nachfahren der Ubier eher schon zu wie bei den Israeliten nach dem Auszug aus Ägypten, als Moses einfach nicht vom Berg Sinai zurückkam. Die Erzbischöfe müssen wir uns wie Aaron vorstellen, der fleißig den

Goldschmuck eintreibt, um daraus das goldene Kalb zu gießen. Wer in Köln Beine hatte, tanzte um das Kalb herum. Hatten die Bürger deshalb diese trutzige, von weltlichen Kräften kaum einnehmbare Stadtmauer gebaut, weil sie unbewusst die Rückkehr Moses fürchteten, der laut Legende überhaupt kein Freund rheinischer Fröhlichkeit war? Völlig humorlos ließ er alle erschlagen, die dem Herrn nicht angehörten. Das hätte in Köln ein schreckliches Blutbad gegeben. Außer den Minoriten, einem Bettelorden, und vielleicht noch den bescheidenen Franziskanern hätte vor dem alttestamentarischen Flammenschwert kaum ein Kirchenmann Gnade gefunden. Und wohl auch nur wenige Bürger. Die Overstolzen und die Weisen brachten für die Mehrung von Besitz und Macht skrupellos ihresgleichen um.

Die Vorstellung vom goldenen Kölner Zeitalter verblüfft, weil sie Assoziationen an ein heutiges Düsseldorf weckt. (Nur dass Düsseldorf nie den Anspruch hatte, eine heilige Stadt zu sein.) Die Stadt der Schönen und Reichen war damals eindeutig Köln. Sie zog Geldleute und Glücksritter magisch an.

Heiliges Köln
Als ob Jesus nie ein wütender Gegner von Geldgeschäften gewesen wäre, vermarktete man sogar die Requisiten der Frömmigkeit. Es gibt wenige Metropolen, die so unverfroren heilige Knochen und Kleidungsstücke verhökerten wie Köln. Im Stadtwappen grüßt noch heute der Reliquienhandel in Form von

elf „Tränen". Dem Volksmund nach symbolisieren die schwarzen Tropfen elf Jungfrauen, die direkt vor den Toren des fränkischen Köln den Tod fanden. Sie fielen im 5. Jahrhundert Attila und seinen Horden zum Opfer, so will es die Legende. Hauptperson des Dramas ist eine Prinzessin aus der Bretagne, Ursula genannt, die zunächst gar nicht heilig, sondern einfach nur jungfräulich, schön und vor allem christlich war. Der Ursula-Mythos liefert alle Teile einer mittelalterlichen Seifenoper: Christus geweihtes Leben; heidnischer Königssohn, der sich in Ursula verliebt; Ehe-Bedingung, dass der Bräutigam zum Christentum übertritt; bis dahin Besinnungsreise per Traumschiff, Engelserscheinung, Martyrium; Happy End: Der Hunnenkönig tötet zwar Ursula, aber eine Schar von elftausend Engeln schlägt die Ungläubigen vor Köln in die Flucht. Weshalb Ursula in den Stand der Heiligen aufsteigt und Schutzpatronin der Stadt wird.

Ein dankbarer Bürger errichtete über den Gräbern der elf Märtyrerinnen eine Kapelle. Heute trutzt dort zwischen Hauptbahnhof und Eigelstein die romanische Basilika St. Ursula mit mächtigem Westturm und einer goldenen Kammer, in der hundertzwanzig Ursulabüsten aufbewahrt sind. Die hohlen Reliquienskulpturen enthalten Schädel und Gebeine der Gefährtinnen Ursulas und waren ein begehrtes Handelsobjekt. Noch heute ist die Kammer mit knöchernen Reliquien bis zum Bersten voll gestopft. Restposten, mit denen laut eines päpstlichen Erlasses von 1393 keine Geschäfte mehr gemacht werden dürfen.

Dennoch haben es der Allmächtige und sein Stellvertreter schon besonders gut mit den Kölnern gemeint; andernfalls hätte ein römisches Massengrab niemals zu einer Ruhestätte von elftausend Jungfrauen erklärt werden können. Worauf Bauarbeiter 1106 bei der Erweiterung der Stadtmauer stießen, entpuppte sich als Sechser im Lotto. Die Unzahl bleicher Gerippe wurde flugs dem spätantiken Hunnenmassaker zugeordnet. Einhellig waren die Stadtoberen der Überzeugung, vor den traurigen Überresten von Ursulas Gefährtinnen zu stehen. Zu dieser Zeit hätten die Kölner wohl auch Hühnerknochen seliggesprochen. Goldgräberstimmung kommt auf. Als Reliquie bedeutet jedes Knöchelchen bares Geld, viel Geld. Die Kölner gebärdeten sich wie die Trüffelschweine und durchwühlten den gesamten Acker vor den Toren nach jungfräulichen Gebeinen. So viele Schädel und Rippchen kamen zutage, dass die elf Jungfrauen hundertköpfige Gigantinnen hätten sein müssen. Also musste die Zahl von Ursulas Begleiterinnen ein wenig nach oben korrigiert werden. Angesichts der geheiligten Knochenhalden beschloss die Kirche schließlich, die Zahl elftausend für realistisch zu halten – was für eine gewaltige Demonstration der Keuschheit! Heute wissen wir, es waren nicht die Gefährtinnen der Ursula, die da freigelegt wurden, es waren beinharte, römische Landser, die vermutlich nicht sehr begabt für ein keusches Leben waren und die am Tag des Jüngsten Gerichts nicht schlecht staunen werden, wenn sie in einem Pulk von Jungfrauen Gott entgegengehen.

Mein E-Mail-Historiker Christian Knorpp urteilt
milde über die kölsche Neigung, das Glück zu korri-
gieren: „Der Kölner ist ein Weltmeister im Geschich-
tenerzählen, er erfindet Legenden und Histörchen."
So ähnlich beschreibt der Dramatiker O'Casey seine
irischen Landsleute. Ob sich der Kölner Heinrich Böll
deshalb so wohl in Irland fühlte? Die schwadronierenden Kelten müssen ihm sehr vertraut gewesen sein.
So sind die schwarzen Punkte im Kölner Wappen
auch keine Tränen, sondern stilisierte Hermelin-
schwänze, eine Reminiszenz an Ursulas Herkunft
aus der Bretagne, deren Wappen einen Hermelinpelz
zeigt. Das Wappen demonstriert die eher unheilige
Allianz zwischen Adel (Hermelin) und Kirche (Heilige
Drei Könige). Die Träneninterpretation verschleiert
die wahren Machtverhältnisse. Denn die drei Weisen
aus dem Morgenland sind mehr als reine Kirchen-
folklore. Sie sind Insignien einer knallharten Machtpolitik. Erzbischof Rainald von Dassel gelang 1164 der
wohl publikumswirksamste Reliquiencoup des Spätmittelalters. Auf einem Italienfeldzug, gemeinsam mit
Kaiser Barbarossa, ließ Rainald in Mailand die könig-
lichen Gebeine mitgehen und schaffte sie an seinen
Regierungssitz. Kaum hatten die Heiligen Drei Könige
ihre müden Knochen im karolingischen Dom ausge-
streckt, da stürmte die christliche Welt nach Köln,
um die Souvenirstücke von Rainalds Italienreise zu
bestaunen. Mit diesen antiken Gebeinen stieg Köln
zu einem der bedeutendsten Wallfahrtsorte des späten
Mittelalters auf, was auch den Geschäftsleuten und
dem Stadtsäckel sehr zugutekam. Und weil das
Geschäft so bombig lief, beförderte der Papst die

Stadt Köln gnädigst zur „Sancta Colonia Dei Gratia Romanae Ecclesiae Fidelis Filia" – Heiliges Köln, von Gottes Gnaden der Römischen Kirche getreue Tochter. Den ehrenvollen Vasallentitel trugen nur noch Jerusalem, Konstantinopel und Rom. Ein grandioser Imagegewinn.

>> *Köln nahm mich auf ... erstaunlich diese Gesittung im Barbarenlande, die Schönheit der Stadt, die gesetzte Haltung der Männer, das schmucke Benehmen der Frauen.* ◀◀
Francesco Petrarca, italienischer Dichter

Von Rainalds Vermarktungsidee profitiert die Domstadt bis heute. Denn ohne die heilige Kriegsbeute aus dem Italienfeldzug würde es vermutlich keinen gotischen Dom geben. Die Idee, eine neue, größere Kathedrale zu bauen, wäre nicht zwingend gewesen. Aber der karolingische Dom war wegen des enormen Pilgeransturms schlichtweg zu klein geworden. Der gotische Bau, kühn und großartig von Gerhard von Rile konzipiert, wurde 1248 begonnen. Der rheinische Größenwahn hat hier sein Denkmal gefunden, 632 Jahre wurde gebaut, Geld im Gegenwert von zehn Milliarden Euro verbraten. Aber der Wahnsinn hat sich gelohnt. Unter Touristen gilt der Kölner Dom heute als das zweitbeliebteste religiöse Bauwerk in Europa. Man denke sich Köln ohne Dom – es käme einer Kastration gleich.

Treppenwitz der Geschichte:
Düsseldorfs Stadtpatron entstammt
Kölner Kriegsschatz

Eigentlich müsste in der Landeshauptstadt ein Denkmal zu Ehren der Kölner Erzbischöfe stehen. Ohne Siegfried von Westerburg hätte es vermutlich nie die Schlacht bei Worringen gegeben, durch die Düsseldorf zu einer Stadt wurde. Und ohne Rainald von Dassel läge der heilige Apollinaris nicht in der Grote Kerk, wie St. Lambertus von alten Düsseldorfern genannt wird. Ursprünglich lagen die Knochen des Heiligen in Ravenna. Wie aber waren die Überreste des heiligen Apollinaris von Ravenna nach Düsseldorf gekommen? Es wird erzählt, dass Rainald die Reliquien zusammen mit denen der Heiligen Drei Könige 1164 nach Deutschland gebracht hatte. Bei Remagen soll es aber zu einem unerhörten Zwischenfall gekommen sein. Der Kapitän weigerte sich weiterzufahren; kühn forderte er, dass die Gebeine des Apollinaris den Benedektinermönchen der Stadt Remagen überlassen werden. Muss ein dem Wahnsinn naher Lokalpatriot gewesen sein. Zu dieser Zeit wurden Normalbürger für weniger Frechheit aufgehängt. Der Erzbischof lässt sich aber auf diesen Handel ein. Die Gebeine des heiligen Apollinaris kommen an Land und die Schiffe mit den heiligen Superprommis Caspar, Melchior und Balthasar schippern weiter nach Köln. Knappe zweihundert Jahre später belebt ein Youngster das Spiel: ▶

▶ *Düsseldorf. Herzog Wilhelm von Jülich-Berg, mit Hauptsitz Düsseldorf, raubt die Reliquie den Benedektinermönchen 1383 bei einer Fehde gegen Siegburg und bringt sie in die Lambertuskirche. Der Mann hat schnell von den Kölnern gelernt: nicht kaufen, klauen. Damit macht Wilhelm Düsseldorf zu einem wichtigen Pilgerort. Der Kölner Kirchenwissenschaftler Manfred Becker-Huberti bestätigt, dass bereits 1392 eine feierliche Prozession mit den Gebeinen des Heiligen in Düsseldorf nachweisbar ist. Da hatte der Papst dem kriminellen Akt noch gar nicht zugestimmt. 1394 waren die diplomatischen Verhandlungen aber so weit fortgeschritten, dass Bonifaz IX. die Reliquie des Apollinaris den Düsseldorfern zusprach. Irgendwie hatten die Mönche in Remagen keinen guten Draht nach Rom. Apollinaris wird zum Stadtpatron und seit dieser Zeit alljährlich feierlich durch die Altstadtstraßen getragen. Pikante Note am Rande: Die Weihe zu Ehren des Apollinaris galt gleichzeitig auch den Bischöfen Severin und Anno. Zwei Kölner wurden Nebenpatrone des damaligen Kanonikerstifts St. Lambertus. Der Papst wollte es so. Was er sich dabei dachte, wissen wir nicht. Vielleicht ging es um die Nächstenliebe?* ◀

Zurück zum Stapelrecht *(weil es so schön ist)*

Wenn es darum geht, aus der Pappnase eine goldene Nase zu machen, versteht der Kölner keinen Spaß. Und immer wieder ist es die Kirche, die den recht weltlichen Interessen der Kaufleute und der Oberschicht entgegenkommt. 1259 schenkt Erzbischof Konrad aus einem politischen Kalkül heraus (eigentlich waren ihm die Bürger verhasst) der eh schon reichen Stadt eine Gelddruckmaschine, Stapelrecht genannt. Wie gesagt: Ab sofort mussten alle Waren, die den Rhein rauf- oder runterkamen, drei Tage den Kölnern zum Kauf angeboten werden.

Das Zeug stapelte sich eh schon im Hafen unterhalb von Groß St. Martin, da wegen der Untiefen bei Köln die Güter auf größere oder kleinere Kähne umgeladen werden mussten. So konnte man die schönen Dinge des Lebens auch gleich ein paar Meter weiter oben auf dem Markt präsentieren, der als Alter Markt heute noch existiert. Bezeichnenderweise nennen die Kölner ihren Alter Markt *Et jolde Böddemche* (der goldene Boden). So wohlfeil kam außer den mächtigen Mainzern, denen die römische Kirche ebenfalls das Stapelprivileg zuerkannte (holla, die Karnevalskonnektion!), niemand an feinste Lebensmittel und Luxusgüter ran. Schlecht war dieses Sonderrecht für alle, die nicht in Köln wohnten. Die Waren verteuerten sich erheblich durch den erzwungenen Zwischenhandel oder kamen gar nicht erst beim Kunden an. Die Stadt Köln nahm sich das Recht heraus, verdorben angekommene oder bei ihr schlecht gewordene Ware im Rhein zu entsorgen. Entschädigungslos, versteht sich.

Mit diesem Stapelrecht oder auch Niederlagsrecht (lat. Ius emporii, eigentlich Marktrecht) hatten die Düsseldorfer seit ihrer Stadtgründung zu kämpfen. Sage und schreibe fünfhundert Jahre lang. Verständlich, dass da ein gewisser Missmut aufkommt. (Wobei die Erzbischöfe auch von der nördlichen Kaiserpfalz aus Düsseldorf gern strangulierten. Keine schlechten Voraussetzungen für eine gepflegte Paranoia.) Die französischen Besatzer staunten nicht schlecht, mit welchen Schikanen die Stadt Köln den freien Handel behinderte. Aktenstücke der *Chambre De Commerce* der Stadt Düsseldorf vom 21. und 28. März 1806 befassen sich kritisch mit der Behinderung des Warenverkehrs auf dem Rhein durch das Kölner Stapelrecht. Unterbunden wurde das Sonderrecht deswegen aber noch lange nicht. Die Akten bezeichnen die Vorgänge als Kabalen, die höchst verärgern. So wurden für Düsseldorf beladene Schiffe, die auf dem Weg nach Rotterdam waren, damit bestraft, bei Köln den doppelten Zoll (péage) entrichten zu müssen. Die Urkunde vom 21. März 1806 führt an, dass Düsseldorf und andere Orte auf beiden Rheinufern seit mehreren Jahrhunderten gegen das Stapelrecht von Köln (und auch Mainz) vergeblich kämpften. Der Magistrat von Köln ergriff jede Gelegenheit, den freien Handel zu unterdrücken. Ein *Memoire* vom 9. Brumaire des Jahres 9 der französischen Republik berichtet von Versuchen der Stadt Köln, Position auf der rechten Rheinseite zu nehmen, um im Verbund mit Duisburg die Schifffahrt des nördlich von Düsseldorf gelegenen Rheins zu behindern. Das zu dieser Zeit französische Uerdingen sollte auf Handel mit Düsseldorf verzichten.

Beklagt wird vor allem von Düsseldorfer Seite die im Stapelrecht verkörperte „barbarie" des 13. Jahrhunderts. Die Akten nennen dieses „Faustrecht" des Stärkeren die pure Gewalt aus feudaler und hanseatischer Kölner Zeit.

Beendet wurde dieser Zustand im Nachgang des Wiener Kongresses vom Jahre 1815 endgültig erst 1831. Was die Kölner ziemlich gemein fanden, weil das Schikanieren der Nachbarn doch so viel Spaß gemacht hatte und quasi ein Naturrecht geworden war. Das Wahrzeichen der Handelsdiktatur, das Kölner Stapelhaus, lässt sich noch heute vor dem Chor der Kirche Groß St. Martin besichtigen. Von der alten Herrlichkeit zeugt aber nur noch der verwitterte Treppenturm, ansonsten steht hier ein schlichter Neubau aus den Sechzigern mit dem in Köln häufig zu findenden Walmdach. Der lang gestreckte Betonbau am ehemaligen Fischmarkt gilt den Domstädtern als Symbol der Handelsmetropole. Wobei der Kölner die historische Bedeutung des Stapelhauses in der Regel nicht kennt. Schon Einstein war klar: „Der Fisch weiß nichts vom Wasser, in dem er schwimmt."

Vergessliches Düsseldorf
Noch geschichtsvergessener muss aber der Düsseldorfer sein. Die Erinnerungsschwäche grenzt schon an Amnesie. Anders lässt sich nicht erklären, dass gerade mal dreizehn Jahre nach Abschaffung des schikanösen Stapelrechts Düsseldorfer Bürger ihre ehemaligen Ausbeuter jubelnd empfangen. So berichtet es zumindest

die *Kölnische Zeitung* vom 24. Juni 1843. Gut, es ging gegen die verdammten Preußen. Da rücken Rheinländer reflexartig zusammen. Der Code Napoleon sollte nämlich abgeschafft werden. Und weil das Gedankengut der Französischen Revolution Kölnern und Düsseldorfern gleichermaßen teuer war, trafen sie sich zu einer gemeinsamen Demo in der preußischen Provinzstadt. Und was schallt den ehrenwerten Gästen aus Köln entgegen, als sie am Schlossturm anlanden? „Köln ist unsere wahrhafte Metropole. Köln verdient es, uns voranzugehen. Wir erkennen ihm diesen Ruf ganz und ohne Neid zu."

Der jubelnde Empfang erinnert an Paviane, die ihrem Oberaffen Zucker geben. Der Boss musste wohl bei Laune gehalten werden, weil ihm jemand zu nah auf den Pelz gerückt war. Anders ergibt der Kotau keinen Sinn. Der halbstarke Aap unterwirft sich dem Kölner Aap und dient sich als Fellkrauler an. Die soziale Rangordnung ist – zumindest für eine Weile – wiederhergestellt. Die Affen-Szene im Biedermeier zeigt aber auch, dass nicht erst seit dem 17. Juli 1946, als Düsseldorf unverhofft Landeshauptstadt wurde, um den ersten Rang gezankt wird. Streit am Rhein gab es offensichtlich bereits zur Zeit der Industrialisierung. Ein Verdacht keimt in diesem Zusammenhang auf: Kann es sein, dass die Großmacht Köln im Laufe der industriellen Revolution ihre Felle den Rhein nach Düsseldorf hinunterschwimmen sah? Von einer alles beherrschenden Hegemonial- zur Mittelmacht herabzusinken, kann ganz schön wehtun. Man sieht ja an den Engländern, wie schwer es fällt, von der alten Herrlichkeit Abschied zu nehmen.

Bei diesem Konflikt um Macht und Ehre wirkt vermutlich deeskalierend, dass die Düsseldorfer ein gestörtes Verhältnis zur Vergangenheit pflegen. Sie legen die Geschichte gern zu den Akten und schauen nicht mehr rein, da man das Zeug ohnehin nicht lesen kann.

Im Jahre 1826 wurde der alte Bestand des Düsseldorfer Stadtarchivs doch tatsächlich an einen Altpapierhändler verkauft. Immerhin 76 Taler gab's für den Handel; ha, da freute sich das Kaufmannsherz (heutiger Gegenwert zwischen 4.000 und 8.000 Euro). Über diese Schändlichkeit existiert noch heute die Quittung. Wo kein Eintrag, da auch kein Nachtrag. „Stapelrecht? Kenne ma net." Allein die Zukunft zählt, die aber durch Tüchtigkeit gewonnen sein will. Dem Düsseldorfer fehlt das Talent zur Nostalgie. Doch das Unterbewusstsein lässt sich nicht betrügen. Dort ist die Urerfahrung abgelegt, dass von Köln selten Gutes kam. Angefangen von marodierenden Erzbischöfen, die von Neuss oder Oberkassel auch gerne mal über den Fluss ballerten, bis zu wirtschaftlichen Sanktionen. Noch heute lästern alte Düsseldorfer, wenn der Rhein bei Hochwasser viel Müll mitführt: „Der janze Dries kommt us Köln."

„Was ist ein Widerspruch? Kultur und Düsseldorf."
Eine Sottise, die man sich gerne an Kölner Stammti-
schen erzählt. Sehr witzig. Aber Düsseldorf und
Geschichte geht erst recht nicht. Wenn es dem Düsseldorfer an Kultur fehlt, dann an Gedächtniskultur, der
Langzeitspeicher funktioniert nicht. Deshalb darf sich
der Düssi nicht wundern, wenn man ihn geschichtslos
nennt; wo er selbst nicht weiß, dass er Geschichte hat.
Das „dürftige historische Bewusstsein der Stadt"
nennt es der Autor Fritz Dross. Aus den ozeanischen
Tiefen der frühen Neuzeit schafft es gerade mal der
barocke Jan Wellem ans Licht, der gebürtige Düsseldorfer mit der hässlichen Habsburger Unterlippe, der
für die Kunst das Geld zum Fenster rauswarf. Vorher
war da nichts, sagt der demente Düsseldorfer. Gut,
die Journalistin Gerda Kaltwasser ritt mal als Jakobe
von Baden im Karnevalszug mit. Trotzdem kommt die
schöne Herzogin nicht über den Status einer Gespens-
tergeschichte hinaus. Die Unglückliche soll noch
immer Nacht für Nacht im Schlossturm spuken. So
nachtragend kann ein Geist sein, bloß weil er zu Leb-
zeiten erdrosselt wurde. Dabei fing alles so schön an,
im Sommer 1585. Was für eine Hochzeit! Die Renaissance erlebte vermutlich kein prachtvolleres „Event"
am niederen Rhein. Haben die Düsseldorfer aber
vergessen und erzählen stattdessen eine Fortsetzungs-
geschichte von Ghosty aus dem Kinderbuch-Klassiker
Robbi, Tobbi und das Fliewatüüt. So kann nicht ernst-

haft ein Wir-Gefühl aufkommen. Sogar der sonst nüchterne Historiker Hugo Weidenhaupt bewertet die fürstliche Hochzeit als eines der prunkvollsten Feste der Stadtgeschichte: „Auf freiem Feld südlich der Stadt trafen sich die Brautleute und zogen, begleitet von Hunderten von Reitern, unter dem Donner der auf den Wällen der Stadt stehenden Kanonen, durch das Berger Tor zum Schloß. Fußsoldaten aus der Umgebung und die Bürger der Stadt bildeten ein farbenfrohes Spalier." Jakobes Tross bestand aus insgesamt 481 Teilnehmern (bayerischen Hofbeamten, Herren und Damen der Hofgesellschaft, Kammerzofen, Lakaien) und 392 Pferden. Autor Wilhelm Muschka führt in seinem biographischen Werk *Opfergang einer Frau* akkurat Buch über die Reisegesellschaft. Bei der jubelnden Bürgerschaft, die die schöne Braut im Triumphzug zu ihrer künftigen Residenz begleitet, stößt der pedantische Historiker auf eine Schützenbruderschaft, die noch heute sehr lebendig ist, der St. Sebastianus Schützenverein Düsseldorf 1316 e.V. Donnerwetter! Sind das nicht die Burschen, die tollkühn Jahr für Jahr die größte Kirmes am Rhein stemmen? Von der Jakobe haben sie also dieses Selbstbewusstsein, so ein Riesenrad zu drehen. Irritierend aber, dass sich auf ihrer Homepage kein Hinweis auf die gräfliche Lehrmeisterin finden lässt. Schwer verständlich, wo die unternehmungslustige Herzogin sich bei den Schützen recht wohl fühlte und gerne mal den Vogel abschoss. In Muschkas Buch ist gar ein kostbarer silberner Schützenvogel abgebildet, den Jakobe den Sebastianern 1594 schenkte, ebenso eine Fahne. Mit solchen Kleinodien sollte man werben.

So verpennt würde kein Kölner sein. Merkwürdiges, geschichtsvergessenes Düsseldorf. Der in Süddeutschland lebende Historienautor Muschka wundert sich denn auch, dass keine Straße, kein Platz oder öffentliches Gebäude der Stadt den Namen seiner einstigen Herrin trägt; und erst recht seltsam mutet an, dass auch kein Grabstein, weder in der Kreuzherrenkirche noch in der St.-Lambertus-Basilika, ihrer gedenkt.

Hochzeit als Initiationsritus

Dabei ist die Jahrhunderthochzeit zwischen Jakobe und dem Erbprinzen Johann Wilhelm nichts weniger als die Einführung der noch pubertierenden Stadt in die Erwachsenenwelt. Wobei der Historiker Kajo Trottmann einwendet, dass der Erbprinz von Kleve als internationales Schwergewicht gehandelt wurde und das Düsseldorfer Schloss „ein großartiger Renaissancebau" war. Na gut, aber drum herum war ja wirklich nichts los. Mit Jakobe steigt das Kaff in einen anderen Seinszustand auf. Der Krümel wird in die Erwachsenenwelt aufgenommen und gilt nun als geschlechtsreif. Er pinkelt ab sofort mit den Großen in einer Liga. Wobei der Herzogsmantel viel zu groß ist, so als würde ein Fünfjähriger Papas Morgenmantel tragen. Ärmel und Saum schleifen über den Boden, was recht possierlich wirkt, solange der Zwerg geradeaus schreitet, wehe aber, er wagt einen Ausfallschritt, schon gerät der Kleine ins Straucheln und der Reigentanz wird zum Slapstick. In diesem Fall trägt Düsseldorf den Bademantel der stinkreichen Wittelsbacher, die sich auf das Feiern von Festen verstehen. Tausendfünfhundert Gäste fluten das Viertausend-Seelen-Dorf, um Rambazamba zu machen; der Rand der Welt ist für neun Tage Weltbühne. Weidenhaupt nennt die Düsseldorfer Vermählung „ein gesellschaftliches Ereignis ersten Ranges für das ganze Reich". Anderthalb Wochen dauerte die Fürstenhochzeit mit Feuerspektakeln auf dem Rhein, unzähligen Turnieren, Hofbällen, Künstlerauftritten, Festgelagen und – das zum Thema Kulturlosigkeit – der ersten in Deutschland nachweisbaren Oper. Mit dem Geld der Weißwurstprinzen lässt es das Residenzstädtlein kulinarisch und ästhetisch krachen. Und das quasi in einer Feuerpause – es herrschte Krieg im Rheinland! Für das von protestantischen Truppen des Grafen von Neuenahr besetzte und geplünderte Neuss muss es abstoßend gewirkt haben, Freudenfeuer über den Dächern Düsseldorfs glänzen zu sehen. Die aufkeimenden Glaubenskämpfe kannten eigentlich nur noch zerstörerische Formen der Pyrotechnik. Tatsächlich wurde Neuss ein Jahr später von spanischen Truppen unter mächtigen Licht- und Knalleffekten in Schutt und Asche gelegt. Von diesem „Feuerwerk" hat sich die stolze Stadt mit dem karolingischen Dom nie ganz erholt.

Auch Köln litt unter den konfessionellen Auseinandersetzungen. Der Handel war eingebrochen. Weshalb es keinem Patrizier eingefallen wäre, in diesen Zeiten mit fürstlichem Pomp zu feiern, obwohl im Gürzenich reichlich Platz war. Der 1441 bis 1447 erbaute Festsaal hatte die Ausmaße einer nordamerikanischen Eishockeyfläche, eindrucksvolle 1.219 Quadratmeter! Im 15. und 16. Jahrhundert feierten in diesem steinernen

Symbol der Macht Großbürger und Könige rauschende Feste. Die Hochzeitsgesellschaft in Düsseldorf musste sich laut Muschka auf einer Briefmarkenfläche von circa hundertachtzig Quadratmetern herumdrücken. Für die bayerischen Tänzer, immerhin den Münchner Georgssaal mit dreihundertsechzig Quadratmetern gewohnt, muss der Düsseldorfer Rittersaal eine schaurige Herausforderung gewesen sein. Noch gut hundert Jahre später hat sich an den beengenden Verhältnissen wenig geändert. So spottet Anna Maria Luisa Ludovica Medici (dat Luisa) über die viel zu wenigen adligen Häuser, in denen man wie auf einem Hackbrett tanze. Nicht nur was die Ballsäle angeht, schlägt Köln in dieser Zeit München um Längen und steckt Düsseldorf in die Westentasche. Schöne Zeit der Renaissance. Im Barock hören die Kölner zu tanzen auf.

Immer wieder diese Erzbischöfe! Da hat man sie seit der Schlacht von Worringen nach Bonn ausquartiert, und dann machen sie immer noch Scherereien. Diesmal ist es Gebhard Truchsess von Waldburg. Der kommt auf die abwegige Idee, zum Protestantentum überzutreten, und wählt dafür sogar die Hardcore-Form, den sittenstrengen Calvinismus. Na gut, der Mann war kein Rheinländer, sondern Schwabe. Aber anstatt demütig vom Bischofsthron zu rutschen, will Gebhard die kurfürstliche Macht behalten und – was für eine Frechheit! – die Reformation im Erzstift durchsetzen. Kurköln wäre lutherisch geworden! Undenkbar! Man stelle sich ein Köln ohne Kardinal Meisner vor. Der Kabarettist Jürgen Becker hätte kein

Thema mehr. Und Heinrich Böll wäre ohne die katholische Wunde vermutlich ein netter Deutschlehrer geworden. Armes Rheinland. So ähnlich sehen das auch Papst und Kaiser. Gregor XIII. exkommuniziert den „verrückten" Gebhard und setzt mit bayerisch-spanischer Truppenunterstützung den Jesuitenzögling Ernst von Bayern als Gegen-Erzbischof ein. Auch Kaiser Rudolf II., aus dem Hause Habsburg, hält die Reformation für Teufelswerk und will, dass vor allem der mächtigste Staat im Nordwesten des Reiches, Jülich-Kleve-Berg, katholisch bleibt. Weshalb man sich mit Wilhelm dem Reichen gutstellen muss, der ja dem Herzogtum vorsteht. Es ist einer der seltenen Momente, wo höchste Würdenträger der Meinung sind, Düsseldorf müsse Köln retten. Sucht nicht der Sohn von Wilhelm eine Frau? Na, da kann man doch helfen, notfalls kommt Geld als Aphrodisiakum dazu. Darauf verstehen sich die Habsburger. Der Papst beauftragt also seinen Gegen-Erzbischof, als Kuppler tätig zu werden. Eine hübsche badische Prinzessin, am Münchner Hof groß geworden, soll die katholischen Risse im Rheinland kitten. Der Bischof, der ebenso wie Jakobe am Bayerischen Hof aufwuchs, handelt mit Wilhelm dem Reichen am 5. und 6. Mai 1584 die Ehe aus. Köln-Düsseldorfer Eintracht, ja, ja, das gab es zu dieser Zeit, wobei das Gespräch durchaus erpresserische Züge gehabt haben mag. In einem Film würde Ernst von Bayern von Marlon Brando gespielt werden, wie er heiser und gefährlich sanft den eh schon gesundheitlich angeschlagenen Herzog über seine Pflichten aufklärt; während er versonnen mit bayerischen und spanischen Zinnsoldaten gespielt haben mag. „Wilhelm, du hast uns enttäuscht, schwer enttäuscht. Dein Junge wird jetzt unser Jakobchen heiraten. Und dann möchten wir nie wieder von Kontakten zur anderen Seite hören. Wir sind deine Freunde, hast du verstanden?" Der Düsseldorfer Regent galt als Wackelpeter in der katholischen Allianz. Der aufgeschlossene Mann hatte wiederholt in einer lutherischen Kirche mit Jesus zu Abend gespeist. Auch der Düsseldorfer Rat war lutherfreundlich. Die arme Jakobe heiratet also in ein Konfessionsdilemma hinein. Erschwerend kommt hinzu, dass sich der Religionszwist auch um Düsseldorf herum zu einem handfesten Krieg ausgeweitet hat. Und das, weil Gebhard Truchsess von Waldburg sein privates Glück mit einem protestantischen Luder machen will. Als gäbe es nicht reichlich katholische Mädchen für einen Erzbischof! Es muss ausgerechnet die bildschöne Agnes von Mansfeld sein, Kanonissin im Stift Gerresheim. Das ist ungefähr so, als würde Kardinal Meisner sich in die lebensfrohe Margot Käßmann verknallen, konvertieren und ihr als Hochzeitsgeschenk den Kölner Dom vermachen. Benedikt XVI. wäre über diese Form der Ökumene wohl „zutiefst erschüttert". Wir sehen, schon in der Renaissance ging es drunter und drüber. Nicht erst seit Schwarz-Gelb.

Im Gegensatz zu Benedikt kennt Papst Gregor XIII. kein intellektuelles Zaudern, sondern schickt sofort bayerische Schlägertrupps nach Bonn. Er schmeißt den liebestollen Verräter nicht nur aus der römischen Kirche, sondern nimmt ihm auch alle Pfründe weg. Gebhard will aber seiner protestantischen Helena

einen angemessenen Lebensstil bieten und sammelt
Verbündete, die ihm aus der Patsche helfen. So ging es
los mit dem Truchsessischen Krieg, der vor allem zwischen bayerischen und kurkölschen Truppen ausgetragen wurde, Gerresheim arm plünderte und Godes-
burg und Neuss zerstörte.

Wie TSG Hoffenheim gegen Bayern München

Vor der Recherche zu diesem Buch war mir nicht
bewusst, wie früh Düsseldorf schon im Gesellschafts-
theater der Mächtigen mitspielte. Wenn Kölner Autoren süffisant feststellen, dass vierzig Kilometer im Mittelalter so weit weg waren wie heute vierhundert Kilometer, um damit zu unterstreichen, wie wenig Beach-
tung der Flecken in Köln fand, so mögen sie für das
Spätmittelalter recht haben. Ab der Renaissance aber
spielt der Winzling Düsseldorf in einer Liga mit Köln,
vergleichbar mit dem Fußballverein TSG Hoffenheim,
der den Namen einer Gemeinde von dreitausendfünf-
hundert Einwohnern trägt. Was für Hoffenheim der
Softwarehersteller SAP, das ist für Düsseldorf die
Macht des Herzoghauses mit seinen unterschiedlichen
Repräsentanten. Das führt durchaus zu skurrilen Situa-
tionen. 1498 trifft in dem Dorf an der Düssel eine
hochkarätige päpstliche Kommission zusammen, um
in einem Streit zwischen dem Kölner Erzbischof Hermann von Hessen und der Stadt Köln (ein Dauerthe-
ma!) zu vermitteln. Eine große Zahl Fürsten und Ritter sowie etwa hundert Bürger waren als Zeugen gela-
den. Zu dieser Zeit lebten ungefähr zweitausend Menschen in Düsseldorf; herumlaufendes Vieh gehörte

laut Fritz Dross zum Stadtbild. Es bleibt schleierhaft, wo die Gäste untergebracht wurden. Vermutlich musste die Pfarr- und Stiftskirche St. Lambertus herhalten, in der auch die städtische Verwaltung in Ermangelung anderer Räumlichkeiten tagte. Das *Schwarze Horn* in der Ratinger Straße, das damalige Rathaus, wird zu klein gewesen sein.

Neunzig Jahre später lässt es sich der Erzbischof von Köln nicht nehmen, eine Düsseldorfer Prinzessin am festlich geschmückten Rheinufer in Bonn zu empfangen und in seiner Residenz zu beherbergen. Es ist Jakobe, die ausbaden soll, was eine andere schöne Frau eingebrockt hat. 1585 ist der Name Düsseldorf „mit Zeitung und Kundschaft" (so der Landschreiber Dietrich Graminaeus) im ganzen Reich bekannt. Der Kleine im Norden Kölns macht sich mausig. Noch nicht selbstbestimmt, sondern von äußeren Mächten gehoben. Was bereits zu erstem Neid geführt haben könnte. Für stolze Neusser muss es unerträglich gewesen sein, in schwelenden Trümmern zu stehen und den Emporkömmling auf der anderen Rheinseite aufblühen zu sehen. Sie tragen es bis heute nach. Düsseldorfs Glück: Der Katholizismus will am Niederrhein Flagge zeigen. Und damit nichts schiefgeht, bringt die Wittelsbacherin Truhen von Geld mit. Die Residenzstadt ist zwar repräsentativer geworden, aber noch immer völlig überfordert. Das Renaissanceschloss war in den letzten Jahrzehnten immer weiter ausgebaut worden, ein Ball- und Pagenhaus stand nun und das vom Duisburger Baumeister Heinrich Tußmann errichtete Rathaus war 1570 fertig geworden. Noch heute ist es ein schmuckes Wahrzeichen der Stadt. Historiker Weidenhaupt beschreibt, welche Anstrengungen nötig waren, um die vielen illustren Gäste einigermaßen standesgemäß unterzubringen: „Das Schloß wurde instand gesetzt, Stoffe, eiserne Öfen, Teppiche, Gardinen und Tafelgeschirr wurden aus den Schlössern Dinslaken und Kleve herbeigeschafft. Der Hofschneider Dietrich von Kalkar und der Büchsenmeister Johannes Hermanns, der das Feuerwerk durchführen sollte, wurden nach Düsseldorf geholt. Für die Gäste, die im Schloß nicht unterkommen konnten, erhielten die Gasthäuser und zahlreiche Bürgerwohnungen besondere Ausstattungen. Große Mengen Lebensmittel, darunter Pomeranzen, Zitronen und Wein, wurden aus Lüttich, Aachen und vom Oberrhein geholt. Monatelang zogen sich die Vorbereitungen hin."

Es muss von außen schon recht irritierend gewirkt haben, wie viel Wind der kleine Blästurz an der Düsselmündung machte, dieser Tüttenüggel. Das war ein Geknalle und Gedonner! Allein drei Feuerspektakel auf dem Rhein, wie man sie in dieser Größe und Schönheit noch nicht gesehen hatte. Liegen hier die Wurzeln der Düsseldorfer Pyromanie? Im Sommer vergeht kaum eine Woche ohne Feuerwerk! Und dann der ganze Dreck, den tausendfünfhundert Gäste neben einquartierten Soldaten und viertausend Einwohnern produzierten. Der ganze Dries ging den Rhein hinab. Verbunden mit dem Müll, den die Kölner eh schon ständig in den geplagten Fluss kippten, dürften die Fischer auf Höhe von Kaiserswerth und

Uerdingen wenig Freude gehabt haben. Und mitten in der Kloake hochstehende Kultur. Die Verwandtschaftsverhältnisse zu den feierfröhlichen Burgundern gaben den Herzögen von Jülich-Kleve-Berg früh eine Ahnung vom Savoir-vivre. Bereits 1511 soll am Düsseldorfer Hof zur Inthronisation des neuen Herzogs Johann III. von Kleve ein Hofballett getanzt haben. Die Prachtliebe des Herzogs führte laut Riemenschneider zur Verfeinerung der höfischen Sitten und Feste. Drinnen wird graziös getanzt, draußen gackern die Hühner. Fest steht, auch wenn die meisten Düsseldorfer Bauern, Fischer und einfache Handwerker waren, so erhielten sie als Zaungäste doch Einblick in ein glanzvolleres Leben. Das schafft Sehnsüchte, das prägt. Den Prachtvogel schoss dann aber Jakobe ab, die qualitativ noch mal einen drauflegte. Muschka beschreibt ein gigantisches Schaugericht aus Backwerk und Zucker, auf einer Fläche von mehreren Tischen verteilt. So kunstvoll und verschwenderisch arbeiten Patissiere zu dieser Zeit nur an wenigen europäischen Höfen. Außerhalb des Schlosses ging aber das dörfliche Leben weiter. In Düsseldorf liegt das Große ganz nahe bei dem Kleinen. Fritz Dross ist auf die Rechnung eines Wundarztes gestoßen, der „die Behandlung einer auf offener Straße von einem Eber gebissenen Frau nahelegt". Das Schwein hatte vermutlich in den Müllbergen der Hochzeitsgesellschaft gewühlt und war gestört worden. Mag keine Sau.

Das Gemetzel von Worringen

Jetzt aber genug von Jakobe und ihrem armen Mann Johann Wilhelm, der ständig mit Jan Wellem verwechselt wird. Vermutlich wusste der Herrscher damals schon, dass er ziemlich schnell von seinen Düsseldorfern vergessen werden würde, und fiel in tiefe Melancholie. Eine uralte Familienkrankheit übrigens. Bereits Urururururgroßvater Graf Adolf II. hatte 1160 überraschend seine Ämter abgegeben und war Mönch in der Zisterzienserabtei Altenberg geworden – „Burnout" würde man wohl heute sagen. So waren sie auch, unsere Rittersleut. Johann Wilhelm muss an einer Art Paranoia gelitten haben und legte sich zeitweise mit Ritterrüstung ins Bett. Wie er das Problem mit dem Nachttopf löste, ist nicht überliefert. Seine immer häufiger auftretende Geistesschwäche wurde mit den skurrilsten medizinischen Methoden therapiert. So setzte ein Arzt dem Herzog ein ausgeweidetes Huhn auf den Kopf, das er vierundzwanzig Stunden tragen musste. Man hoffte, die bösen Geister würden sich im Bauchraum des Huhnes sammeln. Hat aber nicht viel geholfen, und so schloss der Unglückliche 1609 für immer die Augen und nahm seinen Vogel mit.

Bei allen Gesprächen über den Streit am Rhein kommt geradezu reflexartig der Hinweis auf die Schlacht bei Worringen. Haben da nicht die Düsseldorfer den Kölnern kräftig Zunder gegeben? Die Legende hält sich hartnäckig, aber das Gegenteil ist wahr. Kölner Bürger und Düsseldorfer kämpften Seit an Seit. Die Ritterschlacht taugt also nicht zum Urgrund der gegenseitigen Piesackerei. Obwohl es nicht viele Düsseldorfer gewesen sein können, die den Kölnern gemeinsam mit den bergischen Bauern beistanden. Den Düssi gab es damals nur in homöopathischen Dosen. 1135 taucht ein solches Exemplar erstmals in einem Vorläufer des heutigen Grundbuchs auf, und zwar gleich als Klischee: nämlich als reicher Düsseldorfer. Zumindest hat der Mann Grundbesitz in Köln, lässt den Verkauf eines Hauses in den Schreinskarten festhalten und weist sich mit dem Hinweis aus, er komme aus Düsseldorf (de Dusseldorp). Wir müssen uns den Ort als eine Ansammlung von Kleinhöfen vorstellen. Die Bewohner dieser Katen wurden auch Köter oder Kotsasse genannt – auf diesem Niveau fing der Düsseldorfer an. Eine Steilvorlage für Comedians.

▶▶ *Für den Büttenredner reicht es schon, ‚Düsseldorf'*
zu sagen, und schon ist der Saal raderkastendoll. ◀◀
Frank Küster, Düsseldorfer Kabarettist

Aber damals wussten Kölner Spaßmacher vermutlich noch rein gar nichts von der Existenz dieses Weilers zwischen Gerresheim und Kaiserswerth. 1159 taucht das Dorf an der Düssel pikanterweise in einer Liste auf, die die Besitzungen des Kölner Stifts Sankt Ursula aufzählt. Die heutige Messe- und Modestadt begann also als Latifundium eines Kölner Klosters. Und dann auch noch als ziemlich unbedeutender Besitz, wahrlich ein Köterdasein. Außer einem romanischen Kirchlein, auf dessen Fundamenten später St. Lambertus gebaut wurde, wird es zu der Zeit keine Steinbauten gegeben haben. Da ragten in Köln zwölf herrliche Gotteshäuser in den Himmel, genau so viele wie es Apostel gibt, und in ihrer Mitte der – damals noch romanische – Dom. Immerhin soll im tumben Düsseldorf schon eine Fähre den großen Fluss nach Neuss hin überquert haben, es wurde also bereits gehandelt. Und, ach ja, ein paar Motten standen groß-räumig herum, künstlich aufgeschüttete Erdhügel mit hölzerner Bewehrung und einem Turm, auf den sich der niedere Adel bei Gefahr zurückziehen konnte. Der Düsseldorfer fühlte sich also schon damals zu Höherem berufen, es reichte aber nur zu Maulwurfs-hügeln. In Lohausen wurde die letzte Motte, immer-hin ein Zeugnis früher – wenn auch etwas improvi-sierter – Ritterkultur, beim Bau des Flughafens planiert. Wie gesagt: Beim Fortschritt kennt der Düsseldorfer kein Pardon.

Wir müssen uns die Bewohner des rechtsrheinischen Weilers als glückliche Menschen vorstellen. Während die Neusser tapfer Steine für das Quirinusmünster klopften, saßen die Düsseldorfer am Rhein und schnitzten Flöten. Dusseldorp lag quasi im toten Winkel der Mächtigen, die gewalttätige Weltgeschichte marschierte dran vorbei. Gottlob! 1205 berennen Truppen König Philipps von Schwaben die Mauern Kölns – vergeblich. Dann ziehen Söldnerheere des Grafen Adolf von Berg zwischen 1213 und 1215 immer wieder an Düsseldorf vorbei in Richtung Kaiserswerth. Gehen wir mal davon aus, dass es nicht zu Übergriffen kam, da der Weiler längst zur Graf-schaft Berg gehörte. Aber wenn ein Landsknecht Lust auf Katenwurst und Katenschinken hat, hört die Freundschaft auf. Im staufisch-welfischen Thronstreit mischte Adolf, damals auch Erzbischof von Köln, mächtig mit. Wobei das Schlitzohr immer wieder mal die Seiten wechselte. Nicht umsonst war Philipp wutschnaubend vor den Toren Kölns aufgetaucht, er wollte seinem abtrünnigen Waffenfreund die Leviten lesen. Nun hält Adolf mit den Staufern, oder ist er schon wieder mit den Welfen? Egal, der kölsche Wendehals will seinen Kumpan, den Bischof von Münster, aus der Kaiserpfalz raushauen. Kaiser Otto III. hatte ihn neben anderen hochrangigen Persönlichkeiten dort kaserniert. Fünf Erstürmungen fallen buchstäblich ins Wasser, da die Festung von einem künstlichen Rheinarm prächtig geschützt wird. Bei dem sechsten Versuch, 1215, hat Adolf die Faxen dicke und gräbt der Pfalz südlich der Stadt einfach das Wasser ab. Ein leerer Wassergraben schützt aber rein gar nicht, weshalb der prominente Häftling nun mühelos befreit werden kann. Seitdem liegt Kaiserswerth auf dem Trockenen. Wenig später kamen zum ersten Mal die Holländer nach Düsseldorf. 1247 besuchten sie aber nicht mit Bussen den Weihnachtsmarkt, sondern interessierten sich damals ausschließlich für die Pfalz. Nicht weil der Glühwein dort besser war, sondern weil Graf Wilhelm von Holland, ein Ehrgeizling, als Gegenkönig zum Staufer Friedrich II. mit Waffen Fakten schaffen wollte. Während Kaiserswerth unter dem unangemeldeten Besuch schwer litt, genossen die Köter rheinaufwärts das lauschige Landleben. C'est la vie!

Erst als die Grafen von Berg auf die Idee kamen, dass der Flecken an der Düssel wirtschaftsstrategisch interessant werden könnte, war es vorbei mit der bukolischen Idylle. Mitte des 13. Jahrhunderts kam es zu ersten atmosphärischen Störungen zwischen den bergischen Grafen, die 1189 das rechtsrheinische Gebiet von einem Edelherrn (Arnold von Tyvern) erstanden hatten, und dem Kölner Erzbischof. Bis dahin hatten die Bergischen den größten geistlichen Territorialherrn huldvoll machen lassen. Zumal das bergische Geschlecht bis 1225 im Bunde mit den Erzbischöfen clever seine Herrschaft aufbaute. Interessant ist hierbei Weidenhaupts Anmerkung, dass im 11. Jahrhundert von insgesamt zwölf Erzbischöfen sechs von bergischen Grafen gestellt wurden. Auch hier also eher Eintracht als Zwist. Doch plötzlich rebellierten die adligen Lehnsleute gegen den Übervater aus Köln und fingen an, mitten im Herzen der Kirchenprovinz ihr eigenes Ding zu drehen. Adolf V. setzte Siegfried von Westerburg ungefragt eine befestigte Stadt vor die Nase, direkt vor die Tore der bischöflichen Kaiserpfalz. Die Aktion kam einer öffentlichen Ohrfeige gleich: „Westerburg, ich misstraue dir!" Ein Weltlicher forderte frech den mächtigsten Kirchenfürsten heraus. Ratingen, damals ein Viehmarkt, von Holzpalisaden putzig umrahmt, erhielt 1276 überraschend die Stadtrechte und hatte die Aufgabe, das nördliche bergische Gebiet gegen vagabundierende Kirchenfürsten abzusichern. Auch die Kölner Oberschicht kungelte immer mehr am Bischof vorbei. Siegfried musste sich wie ein Lehrer vorkommen, dem die Schüler auf den Tischen tanzten. Das Fass lief über, als Adolf von Berg die Erbfolge im Herzogtum Limburg angetragen wurde. Geil, würde man heute sagen, das Gebiet zwischen Maas, Aachen und Lüttich war ein fetter Brocken und versprach erheblichen Machtzuwachs. Jede Seite buhlt nun um potente Verbündete. Adolf nimmt es mit der Potenz wörtlich und verkauft neben seinen Ansprüchen auf Limburg auch seine Nichte an Herzog Johann von Brabant. Gut, „dat lecker Mädsche" war nicht für den Alten, sondern für den Sohn gedacht, aber rau waren die Sitten schon. 32.000 Mark bringt der Handel dem bergischen Hof ein. Im Planspiel sah Siegfried von Westerburg mit Tausenden kriegserfahrenen Rittern wie der eindeutige Sieger aus. Wenn, ja, wenn sich die Stadt Köln an ihren hochheiligen Schwur gehalten hätte, sich nie einem Feind des Erzbischofs anzuschließen. Aber das Versprechen eines Rheinländers ist so 'ne Sache. Gestern versprochen, heute gebrochen. Plötzlich hatte der Stadtherr seine eigenen Bürger an der Kehle. Das kölnische Aufgebot lieferte an der Seite des Herzogs von Brabant den erzbischöflichen Truppen einen verbissenen Kampf; ihr Anführer Gerhard Overstolz verausgabte sich so sehr, dass er am Nachmittag tot zusammenbrach. Mag man gar nicht glauben, wenn man heute den 1. FC Köln so spielen sieht. Doch ohne den furiosen Auftritt der bergischen Knüppelgarde wäre die legendäre Schlacht bei Worringen für Adolf, Johann und die Kölner schlecht ausgegangen. Von einem Laienmönch angestachelt, fuhren die bergischen Bauern mit Mistgabeln und Sensen wie die Gesellen des Teufels zwischen die Kämpfenden. So was Bekloppptes hatten selbst erfahrene Krieger noch nicht gesehen. Voll gepumpt mit

Adrenalin und bergischem Schnaps droschen Walter Doddes Kriegsleute so wild um sich, dass Freund und Feind entsetzt auseinanderstoben. Sie konnten die unterschiedlichen Wappen nicht lesen, Bauern halt. Im Übereifer schlugen sie sich sogar gegenseitig tot. Damit sie sich im furiosen Geknüppel erkannten, fingen sie an zu brüllten: „Hya, hya, romrike Berge!" Klingt wie ein alberner Slapstick, von *Monty Python's Flying Circus* geschrieben. Der Erzbischof sprang angesichts dieses irren Spektakels schreiend in die Arme eines brabantischen Ritters, um nicht unter die Prügel dieser „teuflischen Bauern" zu geraten (so zitiert ihn Jan van Heelu, Chronist des Herzogs und Augenzeuge der Schlacht). Siegfried hatte die Apokalypse gesehen, vom Leben gemalt. Noch heute heißt der Hang in der Fühlinger Heide Blutberg. Es muss ein fürchterliches Gemetzel gewesen sein. Unüblich für eine Ritterschlacht, man bevorzugte, Geiseln zu nehmen. Die Blüte des Adels verblutete auf dem Schlachtfeld, beklagt Jan van Heelu. Aber die meisten Toten gab es unter dem Fußvolk. Die wurden damals nur nicht so beklagt. Allein in Köln soll es nach der Schlacht mehr als siebenhundert zusätzliche Witwen gegeben haben.

Wie viele tote Düsseldorfer der Erbfolgekrieg forderte, ist nicht bekannt. Eine Handvoll Fischer wird für eine fremde Sache den Luxemburger Rittern als Lanzenfutter gedient haben. Wer heil nach Hause kam, wurde von den Kindern der ärmlichen Katen jubelnd empfangen und sie wirbelten vor Übermut ihre Körper durch die Luft. Die Köter hatten schon merkwürdige

Kinder. Diese akrobatische Turnübung ging als Düsseldorfer Radschlag in die Geschichte ein. Andere Chronisten behaupten, bei der Prunkhochzeit der badischen Jakobe hätten Kinder erstmals das Rad geschlagen – zur Belustigung der traurigen Herzogin. Egal ob Spätmittelalter oder Renaissance, diese eigenartige Fortbewegungsform ist Düsseldorfs ältestes Brauchtum. Der Salto seitwärts wäre aber überregional niemals so bekannt geworden, wenn Düsseldorf auf den garstigen Höhen des Bergischen Landes gelegen hätte. Irgendwo zwischen dem windigen Remissgeid und dem versumpften Solengen, wo noch heute die meisten Regenschirme produziert werden. Ohne den großen Rhein und die feindliche Kaiserpfalz wäre Düsseldorf heute wohl nur eine schläfrige Mittelstadt. Aber die Bergischen wollten Geld machen, ohne weiter mit dem Kölner zu teilen. Während Erzbischof Siegfried noch auf Schloss Burg über seine teure Niederlage nachbrütete, schloss Graf Adolf erste Verträge, um „sein Territorium mit festen Plätzen am Rhein zu sichern", wie Fritz Dross weiß. So stiegen zwei Bauernfiguren, nämlich Ratingen und Düsseldorf, zu Türmen bergischer Machtpolitik auf und wurden gegen die schmucke Dame Kaiserswerth gestellt. Der einst mächtige Erzbischof sank auf das Niveau von Bruno, dem Braunbären, herab. Der rechte Niederrhein war ab sofort No-go-Area für jeden Kölner Petz. Ein Schritt aus Kaiserswerth heraus und wir brennen dir eins auf den Pelz!

Die bergischen Bauern aber, die den Grafen vor einer teuren Niederlage bewahrten – Siegfried zahlte noch Jahre das Lösegeld ab –, wurden nicht entgolten. Es gibt halt keine Dankbarkeit unter den Menschen. So mussten sich die Solinger selber loben: Ein Straßenschild immerhin erinnert an den rauflustigen Mönch Walter Dodde.

Düsseldorfs Trauma

Mit einem Messer soll Graf Adolf den ersten Düsseldorfer Stadtplan in ein Stück Holz gekratzt haben. Und mit hemdsärmeligem Schwung rammte er die Waffe dort hinein, wo seine Burg stehen sollte. Die kam dann aber erst hundert Jahre später. Düsseldorf leidet unter den Symptomen eines Frühchens, die Durchblutung funktioniert noch nicht vollständig. Der Historiker Fritz Dross beschreibt ein rachitisches Gemeinwesen, das gerade mal aus zwei Straßen bestand: Altestadt und Krämerstraße „sowie einer kleinen Vorstadt auf dem Gebiet der heutigen Ratinger Straße". Man konnte nur Mitleid haben. Kölner Bürger werden eine ganze Weile vom rheinaufwärts gelegenen Kaff keine Kenntnis gehabt haben. Ein Städte-Streit ist im Spätmittelalter unrealistisch. Düsseldorf war einfach nicht satisfaktionsfähig. Und dies für lange Zeit nicht. Weshalb es auch nie ein gemeinsames Worringer Schlachtfest gab. Mit einem Windelscheißer trinkt man kein Bier. Die Gleichgültigkeit gegenüber dem kleinen Nachbarn im Norden scheint aber nicht lange vorgehalten zu haben. Laut einer Legende sorgte Graf Adolfs erster Stadtplan aus Holz bald für Kölner

Spott: Aus dem ollen Brett würde kein Baum mehr werden und aus dem Kaff nie eine wirkliche Stadt! Das ist schon wuchtig gesprochen. Wenn Städte Seelen haben, dann hat dieser Spruch eine Verletzung der seelisch-psychischen Integrität bewirkt. Das Gefühl der Unzulänglichkeit begleitet seitdem alles Düsseldorfer Streben und erklärt das übersteigerte Leistungs- und Geltungsbedürfnis dieser Stadt. Ist doch klar: Wer so eine fiese Möppin zur älteren Schwester hat, dem bleiben nur zwei Überlebensstrategien: Entweder er landet unter der Brücke und fängt das Saufen an oder er krempelt die Ärmel hoch und baut Brücken. Vielleicht führen ja deshalb auf der Höhe von Düsseldorf so viele elegante Schrägseilbrücken über den Fluss wie sonst nirgendwo am Rhein. Schwungvolle Auswüchse eines Traumas. Und mit keinem Wort kann man Düsseldorfer Würdenträger so tief in eine Nervenkrise stürzen wie mit dem Wort *Provinz*. Gestandene Männer greifen sich plötzlich ans Herz, Schweiß fließt in Bächen von der gebräunten Stirn, die Augen stehen vor wie bei einer Languste und sie stammeln Sätze wie „Das ist ein Herzinfarkt", „Jetzt sterbe ich gleich!", „Ich werde verrückt!". Nach ungefähr einer Minute ist der Anfall vorüber und sie fühlen sich wieder als Repräsentanten einer Metropole von europäischem Rang. Obwohl es eine Metro überhaupt erst seit 1981 gibt.

Bis dahin ist es aber noch ein langer und verschlungener Weg. 1380 wird Düsseldorf immerhin Residenzstadt: Herzogliche Beamte, Kleriker und Künstler bevölkern den Ort. Die Burg (noch kein Schloss) ist in

Teilen fertig und so langsam beginnt mit Pauken und Trompeten die höfische Prachtentfaltung. Während in Köln der Veitstanz tobt, eine Urform des Straßenkarnevals, setzt in Düsseldorf die adelige Gesellschaft graziös die Füßchen voreinander. Der höfische Ursprung des Lackschuhkarnevals. Der normale Düsseldorfer darf nicht mittanzen, er muss draußen bei den Schweinen und Rindern in der Gasse bleiben. Bereits der erste Herzog von Berg, Wilhelm von Berg, liebt musikalische Aufzüge von Trompetern und Spielleuten. Ab 1376 lässt sich der erste Herold nachweisen, der mit viel Trara als Verkünder seiner Herrlichkeit des Herrschers tätig wird. Der ehemalige Oberbürgermeister Joachim Erwin soll überlegt haben, so einen Herold wieder einzusetzen. 1451 kommt der erste Organist an den Hof, der neben seinen Aufgaben in der Stiftskirche auch als Lehrer arbeitet. 1458 taucht der erste Hofnarr in den Chroniken auf: Hermann der Geck war angestellt, um Herzogin Sophia von Sachsen-Lauenburg bei Laune zu halten. Wie schon gesagt, die Melancholie war eine weit verbreitete Krankheit – sogar im Rheinland. Zur weiteren Kurzweil gründete Sophia ein Orchester, Geld spielte keine Rolex. Am Düsseldorfer Hof arbeiteten acht Pfeifer, zwei Trompeter und vier Lautenisten sowie ein Sänger. Damit auch ihr Ehemann Gerhard II. etwas zu lachen hatte, stand ein zweiter Hofnarr auf der Gehaltsliste. Bis 1499 werden fünf Spaßmacher von der Herzogsfamilie beschäftigt, die teuer, gut und gefürchtet sind, weil ihre Narrenfreiheit sie berechtigt, es weit zu treiben. Die Tradition der geistreichen Schelme beginnt also nicht erst mit dem

Kom(m)ödchen, sondern bereits unter den bergischen Herzögen des 15. Jahrhunderts. Und ist der Hoppeditz nicht ein direkter Nachfahr des Hofnarren? Der Düsseldorfer Karneval wird unter Schmerzen geboren. Der Knirps hüpft am 11.11. mit hartem Körpereinsatz und zwingt so manchen Stadtpolitiker zur Pressatmung. Den Kölnern fehlt mit dem Nubbel die höfisch-satirische Tradition. Sie wollen nicht zuhören, sie wollen selber hoppen, bis sie umfallen und ihnen Schaum aus dem Mund quillt.

Ausgerechnet ein Kloster stiehlt dem Düsseldorfer Hof zur Zeit der Renaissance die Show. Ein gewisser Ritter Leo von Rozmital berichtet, sich auf seiner Europareise nirgendwo so gut unterhalten zu haben wie in – Neuss. Nicht Köln, nicht Düsseldorf! Sondern das angeblich so piefige Nyss! Neben dem jährlich stattfindenden Quirinusmarkt, damals die größte Kirmes am Rhein, haben es dem Ritter die Nonnen des dortigen Frauenklosters angetan. Er preist die Vertreterinnen der Keuschheit in den höchsten Tönen, wie Heinrich Riemenschneider in seiner Düsseldorfer Theatergeschichte festhält. Sie „kunten die allerfeinsten tentz, mag sagen, dass ich all mein Tag so vil hübscher Weiber in einem Kloster nie gesehen hab". Tanzende Nonnen! Also die Römisch-Katholischen haben es schon faustdick hinter den Ohren. Von Köln sprach der Ritter nicht, obwohl es den großartigen Gürzenich bereits gab und dort rauschende Feste gefeiert wurden. Da hätte Leo vielleicht tanzende Mönche antreffen können. Na gut, das ist nicht jedermanns Geschmack. Gut hundert Jahre später liegt das fröhliche Neuss in Schutt und Asche; im Namen Gottes ließ Alexander Farnese von Parma die Einwohner niedermetzeln und die Wehrmauern dem Erdboden gleichmachen. Wie bereits oben erwähnt, kann sich Düsseldorf durch eine geschickte Politik aus den Glaubenskämpfen weitgehend heraushalten. Schlimmere Gegner sind Epidemien (die Pest fordert wenigstens zweitausend Tote) und Naturkatastrophen. Ein Blitzschlag im Pulverturm schafft größere Schäden in der Stadt als dreißig Jahre bewaffnete Konflikte zwischen Katholiken und Evangelischen.

Auch der erste Pfälzer Regent, Wolfgang Wilhelm, ist ein Glück für Düsseldorf und das Herrschaftsgebiet. 1613 konvertiert der Lutheraner aus politischen Proporzgründen zum Katholizismus. Er heiratet die Fundamentalistin Magdalena, Schwester des Herzogs Maximilian von Bayern und des Kölner Erzbischofs Ferdinand; Wolfgang Wilhelm hielt vermutlich den kaiserlich-katholischen Block auf Dauer für die stärkere Schutztruppe. Er sollte recht behalten. 1651 hätte er ohne diese Allianz gegen einen wilden Jungen, den Kurfürsten Friedrich Wilhelm von Brandenburg, den Kürzeren gezogen. Der wollte, laut Weidenhaupt, die „seinen Glaubensgenossen angetane Unbill" rächen, randalierte mit seiner Streitmacht vor dem Stadttor und sang Schmählieder, wie man sie heute vom Eishockey kennt. So zumindest stelle ich mir das vor. Als die alliierten Truppen heranzogen, musste der Brandenburger den Schwanz einklemmen. Trotzdem, es waren unsichere Zeiten.

SECHS GRÜNDE, UM GEKRÄNKT ZU SEIN

Der öffentliche Bekenntniswechsel des Landesherrn sorgt bei Reformierten und Lutherischen in der Stadt für Bestürzung. Die Katholiken hingegen jubilieren. Der Kölner Weihbischof nimmt den Herzog in der Lambertuskirche in Empfang und führt ihn in die Arme des Papstes zurück. Fritz Dross zitiert einen Augenzeugenbericht, nach dem neben zahlreichen Düsseldorfern sogar Kaiserswerther, Neusser und Kölner der Konversion beiwohnten und eine Menge Lärm produzierten. „Dae hat man auff zwei herpaucken oder Kesselwummen geschlagen, dae gaben der Stat Collen Spilleute vnd Musicanten, auf cornetten, zincken vnd besunen, Orgelen gespillet, geblasen vnd musicirt." Nach diesem Katzenkonzert ist die religiöse Toleranz in Düsseldorf erst mal ramponiert. Dafür erhält die Stadt ein schönes, mediterranes Bauwerk, die Hof- und Jesuitenkirche St. Andreas. Ein italienischer Baumeister hat diese barocke Leichtigkeit geschaffen, Herrschaftszeichen katholischer Macht, aber auch Sinnbild einer aufstrebenden Stadt. Die Steinhäuser in Düsseldorf nehmen zu, nicht zuletzt wegen der vielen Abteien, zu denen ja auch wieder Kirchen gehören. Sie setzten, wie Weidenhaupt formuliert, „neue, reizvolle Akzente" im Stadtbild. Neben der bereits im 15. Jahrhundert erbauten gotischen Kreuzherrenkirche auf der Ratinger Straße gesellen sich Barockkirchen wie die oben genannte St. Andreas, St. Maximilian (1668), die reformierte Neanderkirche und die lutherische Bergerkirche hinzu. (In Köln gab es protestantische Kirchen erst ab dem 19. Jahrhundert.) Bis 1700 stehen zwei weitere protestantische und drei Klosterkirchen (Ursulinen,

Cölestinerinnen, Cellitinnen) in der Stadt. Im Barock „verkölscht" Düsseldorf so langsam. Wer hätte das gedacht. Bereits ein Kupferstich von Matthäus Merian von 1647 zeigt eine massiv befestigte Stadt mit repräsentativen Steinhäusern und lauter Kirchtürmen. Zu dieser Zeit wohnten etwa fünftausend Menschen in der Stadt. „1658 wurden 648 bewohnte Häuser gezählt", stellt Weidenhaupt fest. Die ganze Stadt profitierte von der großzügigen Hofhaltung: Mindestens zehn Prozent lebten als Beamte, Bedienstete, Musiker und Handwerker direkt vom Düsseldorfer Schloss. Der Hosenmatz braucht keine Windel mehr.

Wie klein Düsseldorf aber immer noch ist, demonstriert die berühmte Stadtansicht Kölns von Anton Woensam aus dem Jahr 1531. In Büchern erstreckt sich der Holzschnitt über vier Seiten, Düsseldorfs Stadtansicht passt hundert Jahre später noch quasi auf einen Bierdeckel. Das hillige Coellen ist noch immer die alles verschlingende Gottheit. Auf dem imponierenden Panoramabild lassen sich circa vierzig Gotteshäuser erkennen; es sind aber weitaus mehr, laut Volksmund so viele, wie es Tage im Jahr gibt. Während aus dem Düsseldorfer Schloss Prinzen und Pagen lugen, dominieren das Kölner Stadtbild die Pfaffen. Im Spätmittelalter befinden sich fünfzig Prozent (!) der Grundstücke in geistlicher Hand; sieben Prozent der Einwohner Kölns sind Tonsurenträger. Bei vierzigtausend Bewohnern also knapp dreitausend Gottesdiener – eine Armee. Die meisten Kölner wohnen zur Miete und wegen der hohen Bodenpreise beengt, weshalb es in der Altstadt bis heute auffallend viele schmale Häuser gibt. Achttausend Gebäude, von denen die meisten im Fachwerkstil errichtet waren. Steinreich sind also auch in Köln nur die wenigsten. Zuallererst baut die Kirche Steinhäuser, das ehrgeizigste Projekt ist der Dom. Die aufstrebende Bürgerschaft setzt sich 1414 mit dem Ratsturm am trutzigrepräsentativen Rathaus ein Denkmal mittelständischer Macht. Er sollte alle bisherigen Profanbauten übertreffen, auch das mächtige Haus der Overstolzen. Mit kunstvoll gestalteten Steinfiguren am Turm und einem Säulengang im Renaissancestil knüpfte Kölns Bürgerschaft an kirchliche und adelige Gepflogenheiten der Prunkentfaltung an. Die heute sprichwörtliche Kölner Bescheidenheit sieht man dem herrlichen herrschaftlichen Gebäude nicht an.

Als bedeutendster Profanbau des Spätmittelalters gilt aber vielen der Gürzenich, in dem ab 1444 große und repräsentative städtische Feste gefeiert werden. Im 16. Jahrhundert erlebt Köln noch einmal einen Bauboom. Steinbauten lösten die Fachwerkhäuser ab. Reiche Bürger prägen nun das Stadtbild, was sich in den Häusernamen niederschlägt: *Zum Purpur, Zum englischen Gruß, Im Römer, Kaiserlicher Hof* oder das *Palais Geyr,* um nur einige zu nennen.

Für Düsseldorfs Bürger gab es zu dieser Zeit nicht viel Geld zu zählen. Die repräsentativen Aufträge vergaben Adel und Kirche. Das Haus *Zum Kurfürst* in der Flingerstraße, ein schöner Renaissancebau aus Backstein, wurde 1627 von Herzog Wolfgang Wilhelm errichtet. Auch *Weinhaus Tante Anna*, das seit 1593 in der

Andreasstraße steht, gehörte jahrhundertelang der Kirche, den Jesuiten. Erst 1820 kaufte eine bürgerliche Familie, die Oxenfords, das stattliche Haus; da wurde das Düsseldorfer Bürgertum so langsam finanzkräftig und selbstbewusst.

Der Sonnenkönig am Rhein

Im 17. Jahrhundert geschieht in Köln etwas Unerhörtes. Es ist so unfassbar, dass Kölner Geschichtsschreiber gerne diese Periode überspringen. Der kölsche Koloss schwächelt. Während Düsseldorfs Johann Wilhelm mit florentinischer Finanzhilfe kräftig Gas gibt, stottert, spuckt und pfeift das Kölner Kraftwerk. Erste Anzeichen des Schwächeanfalls: Es entstehen keine repräsentativen oder religiösen Gebäude mehr. Beim Bau barocker Kirchen steht es acht zu eins für Düsseldorf. Und noch im für beide Städte (mit Verlaub) „beschissenen" Rokoko hat der Kleine im Norden die Nase vorn. Köln errichtet 1765/66 eine einschiffige Kirche in der südlichen Altstadt mit dem bezeichnenden Namen *St. Gregorius im Elend,* Düsseldorf gelingt ein architektonisches Großereignis, das später sogar Thomas Mann etwas umständlich überschwänglich lobt. Gemeint ist das Benrather Lustschloss von Karl-Theodor, in dem er wohl nur ein einziges Mal nächtigte (und zwar ohne seine zänkische Gattin). Für das großzügige Ensemble von Schloss, Jagdpark, Weihern und Kanalsystem macht der Landesvater seinem Spitznamen „das reiche Schwein" alle Ehre. Er kübelt lässig das Geld zum Fenster hinaus. Die bergischen Feudalherren leben den Untertanen über Jahrhunderte vor, dass es en vogue ist, für das Schöne und Repräsentative keinen Aufwand zu scheuen. Manchmal ging die Verschwendungslust auch in die Hose, die Taschen waren dann leer. Am dollsten trieb es in dieser Art ausgerechnet ein gebürtiger Düsseldorfer, Johann Wilhelm, der den Pleitegeier als Haustier hielt. Irgendwie haben es die Bergischen mit dem Federvieh. Jan Wellems Vogel bestand darin, auf Biegen und Brechen Versailler Glanz an den Rhein holen zu wollen. Für Hofhaltung und Kunstförderung soll der ranghohe Kurfürst mehr als eine Million Reichstaler verschleudert haben. Dafür wurden Kredite genommen und neue Steuern ausgeschrieben. Der Herzog entwickelt bei der Geldbeschaffung durchaus kriminelle Energie. Eine eigens dafür gegründete Bank verkaufte Schuldscheine, schloss nach Annahme der Darlehenssummen ihre Pforten – und zahlte das Geld nie zurück. Gelernt hat er diese Gaunerei vermutlich bei seinen italienischen Freunden, die schon Florenz mit solchen Geschäftsmethoden groß gemacht hatten. Die Mafia nannte sich damals Medici. Einer aus diesem Umfeld hieß Feretti und war der erste christliche Banker in der Stadt. Nicht zuletzt mit einer großen Portion Chuzpe macht Jan Wellem aus der noch immer kleinen Stadt, nun achttausendfünfhundert Einwohner, eine Kulturmetropole europäischen Ranges.

Währenddessen steht in Köln seit zweihundert Jahren der Dombau still, 1528 wurden letzte Arbeiten notiert, und die Bürger waten knöcheltief im Morast ihrer Straßen; die Düsseldorfer flanieren durch gepflasterte

Gassen. Nachts werden in der Großstadt Köln die wichtigsten Wege aus Gründen der Sicherheit mit Ketten abgesperrt. Wer Geld hat, mietete sich einen „Leuchtemann", der heimleuchtet, weil es stockfinster ist. In der gesamten Stadt zählt man zwei festinstallierte Laternen; das „Kaff" Düsseldorf wird von dreihundertachtzig Öllaternen illuminiert. So viel Geleuchte gibt's zu dieser Zeit in keiner anderen europäischen Metropole.

Kurz vorher noch schwebten die kölnischen Handelsschiffe „overstolz" an Düsseldorf vorbei, voll beladen mit den herrlichsten Weinen von Rhein, Mosel und aus dem Elsass. „Drink doch eene mit, stell dich nittesu an", haben sie leider nicht zum Schlossturm rübergerufen, als es ihnen gut ging, sondern sind recht ungesellig direkt nach London rüber, um die „Drogen" in feinste Tücher umzutauschen. Auf dem Alter Markt wurde die englische Ware zum vielfachen Preis verhökert und für das Umland noch einmal teurer verkauft. Schöne Zeit des hilligen Coellen. Plötzlich funktioniert das Ding nicht mehr. Du kommst aus Dunkelköln, treibst, nichts Böses ahnend, an der schwarzen Ruine Zons vorbei den Rhein hinab, siehst die Neusser Hafenbeleuchtung wie einen Glühwurm in der Nacht und du denkst als Kölner: Die Welt ist dunkel, weil Gott es so will. Doch dann kommt Morgenröte auf, so als käme die Sonne gleich hoch. „Wat denn? Mitten en d'r Nacht?" Lichter funkeln und opalisieren am Horizont. „Wat denn dat denn?" Das pulsiert und schillert und wächst sich zu einer gleißenden Stadt aus, so grell, dass sie dem Nachtschwärmer in den Augen brennt. So bissig und irritierend wird sich dem Kölner das barocke „Bauerndorf" präsentiert haben. Niemals vorher hatte man so eine Illumination gesehen. Sie muss den Zeitgenossen wie Tausendundeine Nacht vorgekommen sein. Und den Kölnern wie ein Menetekel ihrer eigenen Schwächen. Du konntest Menschen auf den Wällen promenieren sehen, ein Wind trug Gelächter und das Klirren von Gläsern zu dir, eine flirrende Stimmung wie man sie heute von Saint Tropez und anderen mediterranen Fischerdörfern kennt, die Treffpunkt von Künstlern und High Society sind. Tatsächlich dümpeln großartige Jachten im Hafen. Die größte gehört Jan Wellem, unglaublich, aber wahr. Während Brigitte Bardot und Gunther Sachs noch bei *Aldi* in der Quarktheke lagen, gab es in Düsseldorf längst eine Schickeria. Das muss man nicht mögen, aber von wegen keine Tradition. Zweihundertfünfzig Jahre ist das schicke Spiel der Leichtigkeit am Niederrhein bekannt. Das erste Play-Paar hieß Maria Luisa und Johann Wilhelm. Wir müssen davon ausgehen, dass es damals schon Strandpartys gab. Der Barockmensch Jan Wellem wäre heute in der Tat eine Person des Jetsets. Er sprach fließend französisch, italienisch, spanisch, lateinisch und – damals war das in schicken Kreisen noch normal – Düsseldorfer Platt. Und er hatte einen Jachtschein! Jan Wellem lebte Oskar Wildes Bonmot: Ich habe einen ganz einfachen Geschmack: von allem nur das Beste. Weshalb er seine Renommierschiffchen im weit entfernten, aber sachkundigen Amsterdam bauen und mit zwölf Kanonen bestücken ließ. Wie albern, Kanonen! Wieso? Die Protestanten durften in Düsseldorf ungehindert beten, die Kölner waren eher frustriert als aggressiv. Es werden dekorative Püster gewesen sein. Der pure Luxus also. So wie es ja auch Bekloppte gibt, die in engen Großstadtstraßen Hummer H1 fahren, obwohl gar kein Golfkrieg ist.

Kölns Niedergang

Ich hätte das nicht gedacht, aber die Quellen bestätigen es: Der Barock gehört Düsseldorf. Die Kölner müssen die Welt nicht mehr verstanden haben. Nachts leben sie quasi in Ausgangssperre, während in der fünf Mal kleineren Nachbarstadt der „Vatter" über beleuchtetes Kopfsteinpflaster noch einen Krug Bier um die Ecke holt. Damit ist das Repertoire des Kurfürsten aber nicht erschöpft. Jan Wellem lässt neben mehreren Kirchen ein Ballhaus, einen neuen Marstall, ein Tummelhaus (Reitschule), die Orangerie auf der Zitadelle, ein Hofbräuhaus, eine Oper und die später so berühmte kurfürstliche Galerie bauen. Dies sind nur einige Beispiele der barocken Bauwut. Schon unter dem kunstsinnigen Vater Philipp Wilhelm (er war mit Rubens befreundet) stieg das Düsseldorfer Schloss zu einer wahrhaft europäischen Residenz mit prunkvoller Hofhaltung auf, wie Weidenhaupt es nennt. Jan Wellem setzt noch einen drauf und stemmt die Residenzstadt zur internationalen Metropole hoch. Während Köln sich gegen Auswärtige abschottet, drängen aus allen Himmelsrichtungen Spezialisten an den Düsseldorfer Hof, Künstler von höchstem Rang, Wissenschaftler, Kaufleute, Handwerker. Sie alle arbeiten an dem Gesamtkunstwerk, Düsseldorf zu einem Hof des Sonnenkönigs zu machen. Größenwahn lässt grüßen. Aber andere deutsche Landesfürsten waren ähnlich drauf. Den meisten alteingesessenen Düsseldorfern bleiben, zum Teil durchaus lukrative, Zuträgerdienste oder eben die Rolle des staunenden Zaungastes. Was ja auch prägt. Es muss in den schmalen Gassen des Residenzstädtchens so ähnlich geklungen haben wie heute, wenn man durch die Innenstadt geht. Italienisch, französisch, holländisch, englisch, sächsisch, bayerisch, vermutlich auch schwäbisch. In den verschlammten Kölner Gassen sprach man Kölsch. Oder höchstens noch Latein. Man muss sich die Kölner Straßen ungepflastert, schmutzig und belebt durch freilaufende Schweine vorstellen. Olfaktorische Mimöschen werden ein hartes Leben geführt haben. Nahm der Müll vor der Haustür dann mal wieder überhand, wurde er ohne Umschweife in den Rhein gekippt.

▸▸ Am nächsten Abend kamen wir gegen fünf Uhr
in Köln an, in der hässlichsten und schmutzigsten
Stadt, die ich je mit eigenen Augen sah.
Wir gingen zum Dom, der nur ein riesiger
Ruinenhaufen ist, ein riesiges mittelalterliches Ding,
dem weder Symmetrie noch Anmut zukommt. ◂◂
John Wesley, englischer Theologe

In Düsseldorf funktionierte das alles ein bisschen besser. Auch die Wasserversorgung, die ja die Kölner eigentlich von den Römern in mustergültiger Form übernommen hatten. Die Kölner hatten ihren Rhein so mit Unrat versaut, dass sie Ziehbrunnen anlegen mussten. Von diesen sogenannten Pützen zeugen heute noch die *Pützgasse* oder der berühmte *Klingel-pütz*. Hier liegt vermutlich der Ursprung des Düsseldorfer Vorurteils vom Kölsche Wisch. Damals zumindest waren die Kölner wirklich Ferkel. Wobei der Aufklärung halber noch mal der kritische, aber auch erhellende Fritz Dross zu Wort kommen soll, der einen hohen niederländischen diplomatischen Vertreter zitiert. Demnach war Jan Wellem leider nicht der gemütliche Landesvater, der mit seinen Künstlern soff, sondern ein elitärer Barockkrüpel. Der Düsseldorfer Herrscher hat seine hochadeligen Kammerherren „dergestalt erniedriget, dass sie wie Lakaien, oder besser wie Wachtelhunde, vor seinem Wagen her und durch die Stadt traben müssen, wo man bis über die Knöchel im Koth gehet". Was zeigt, dass du auch im barocken Düsseldorf manchmal ganz schön durch die Scheiße laufen musstest, um dein Geld zu verdienen. Fassen wir den Unterschied im Barock so zusammen: Köln war wie das heutige Bombay und Düsseldorf wie das Botschaftsviertel von Dakar. Ohne einen subkutanen Breitbandimpfcocktail würden wir heute in beiden Städten den tödlichen Dünnpfiff kriegen.

Trotz Jan Wellem ist der Barock nicht wirklich prickelnd für Düsseldorf. Ganz böse aber trifft diese Epoche Köln. In der heiligen Stadt ging es im Grunde schon im 16. Jahrhundert den Bach, äh ..., den Rhein runter. Von meinem Internet-affinen Berater Knorpp weiß ich das: Nach der Entdeckung Amerikas und anderen Entdeckungsfahrten verlagerte sich der Welthandel in großem Maße weg von Binnenflüssen hin auf die Weltmeere – damit begann der Aufstieg der großen Seehafenstädte. Zwar blieb der Rhein immer noch die wichtigste Wasserstraße Europas, aber die märchenhaften Gewinne wurden woanders gemacht – da half auch das Stapelrecht nicht mehr viel. Weitere Gründe waren die Reformation (und die damit verbundenen Kriege) sowie die starren Verhältnisse der Zunftverfassung – man schottete sich gegen Ausländer, Auswärtige und Andersgläubige ab, womit man in der Folgezeit erst die Juden (1424) und dann immer wieder die Protestanten – beides wirtschaftlich sehr potente und neu orientierte Gruppen – aus der Stadt vertrieb bzw. ihnen den Zugang verwehrte. Nicht umsonst war die letzte nachgewiesene Bautätigkeit am Kölner Dom vor der langen Baupause in den 1520er-Jahren. Der mittelalterliche Baukran, der nun für dreihundertfünfzig Jahre auf dem angefangenen Südturm stehen bleiben sollte, wurde ja nicht nur zum Symbol des Baustillstands am Dom, sondern eben auch des wirtschaftlichen Niedergangs der Stadt Köln.

Na denn: Muss man ein geschulter Psychologe sein, um zu erkennen, dass auch Köln ein Trauma hat? Wenn denn Städte auf die Couch können. Im Psycho-Jargon wäre Köln ein gekränkter Narziss. Der Verlust alter Größe war so schmerzhaft, dass sich die Einwohner jahrhundertelang in die alte Herrlichkeit wegträumten. Erst Napoleon hat die Tagträumer aus der Ritterzeit in die Gegenwart gezerrt. Neben der Realitätsferne gehört zum Krankheitsbild des Narziss auch die übersteigerte Selbstbewunderung. Ständig dreht und wendet sich der Kölner vor dem Spiegel und fragt, wer denn der Schönste sei in diesem Land. Und ständig bekommt er vom *WDR* die Antwort: Das bist du, die schönste Jungfrau im ganzen Land! Und wenn der *WDR* mal nicht willfährig ist, dann belobhudelt sich der Kölner halt selbst. In allen Werbekampagnen schwärmt die Domstadt von sich als Metropole mit Herz. Was impliziert, dass es Gemeinwesen ohne Herz gibt. An wen da wohl klammheimlich gedacht wird? Leverkusen? Och nööö! In einem Internetauftritt zur Weltmeisterschaft 2006 bejubelt Köln sich unter der immerhin selbstironischen Überschrift: „Wenn mer fire, bruche mer nit wische: Klüngel, Schnauzbart, Kölsch – man kann dem Kölner vieles zum Vorwurf machen. Doch eines kann er wie kaum ein anderer: feiern. Und weil die Frohnaturen in der Domstadt bis unter die Haarspitzen tolerant sind, dürfen Gäste sofort mitmachen – egal, was gerade gefeiert wird." Und gibt es mal nichts zu feiern – dann betanzt sich der Kölner halt selbst.

Na gut, Düsseldorf macht dafür gerne den Ochsenfrosch. Seit Jakobe von Baden hat es die Stadt zu enormen Schallblasen gebracht. Die damit erzeugten, tiefen, grunzenden Einzellaute („brr-oam") dienen als Balzrufe und sind weithin hörbar. Sogar Münchner und Berliner sollen sich schon fürchterlich erschrocken haben. Bei näherem Hinschauen war's dann aber doch nur der flotte Lurch an der Düssel. Was für ein Lärm! Der verkannte Kölner trommelt, tanzt und kalauert bis zum Umfallen, damit er wenigstens als größtes Freudenhaus ins Guinnessbuch der Rekorde kommt. Und das Düssel-Ego pumpt die Backen auf, bis es groß wie Paris ist, weil es sich immer noch klein und hässlich fühlt. Und so schmettert der eine unentwegt „Humba humba tätärä!" und der Nachbar antwortet mit einem brumftigen „Brr-oam!" „Humba humba tätärä! – Brr-oam! Brr-oam!". Die umliegenden Gemeinden sitzen mit Ohrenstöpseln da und verdrehen die Augen.

❸ Schluss mit der Party – die Plackscheißer hocken im Dunkeln

Paff macht es! 1716 springen in Düsseldorf die Sicherungen raus. Zu viel Licht, zu viel Hitze, das Ikarus-Syndrom, eine ganze Stadt schmiert ab. Nach fünfundzwanzig taumelig glücklichen Jahren unter der Decke der tiefe Fall. Gottlob stürzt Düsseldorf nicht in den Rhein, aber beim Aufprall fliegen gewaltig die Fetzen. Im Umkreis von zehn Kilometern werden Tanzschuhe und Allongeperücken gefunden. Nach dem Tod von Jan Wellem ist niemand mehr bereit, die 383 Ölfunzeln zu bezahlen. Der Magistrat ist pleite und dem neuen Regenten Karl Philipp fehlt der Patriotismus, um die Ölrechnungen seines Bruders zu übernehmen. Immerhin, die Luft wird nicht mehr nach tranigem Tierfett gestunken haben. Aber was nützt dir frische Luft, wenn du nichts zwischen den Kiemen hast?

Denn Karl Philipp knipst nicht nur die Lichter seines Vorgängers, sondern gleich die gesamte höfische Maschinerie aus, indem er kurzerhand den Hofstaat ins schmucke Mannheim verlegt. Laut Fritz Dross lebten um 1700 ungefähr fünfhundert Familien von rund achttausendfünfhundert Einwohnerinnen und Einwohnern unmittelbar vom Hof und der kurfürstlichen Hofhaltung. Düsseldorf trifft quasi der Schlag. Ungefähr so würde es heute Leverkusen ergehen, wenn der Chemiekonzern Bayer über Nacht sein Stammhaus dichtmachte.

Traurig und leer steht das alte Schloss am Rhein. Drinnen ist es kalt, nass, zugig, unbequem. Und nachts ist es zappenduster, noch dunkler als in Köln, weil in Düsseldorf das Dunkel nach den Sonnenjahren noch viel dunkler ist. Nur das Schlossgespenst leuchtet weiß im Mondschein und stöhnt. So wie die Honoratioren stöhnen, die wirtschaftlich nicht mehr ein noch aus wissen. Und nach dem zehnten Altbier kommt das schlechte Gewissen hoch, weil sie doch die schönen Laternen haben ausgehen lassen. Und im Off hören sie die Stimme des toten Kurfürsten, wie er sie donnernd als einen „Hauffen Esell" beschimpft, „welche solche schönen Sachen nicht verstehen und lieber den gantzen Tag sauffen, spiehlen und tabaccieren". Er, Johann Wilhelm, „schätze große Künstler weith mehrers alss alle dergleichen Plackscheisser". Plack heißt seit dem Mittelalter im Niederdeutschen „Fleck" oder Schmutzkruste". Was sehr schön zeigt, wie Barockfürsten ihre Untertanen empfanden, nämlich als Dreck. Tatsächlich sitzen die Plackscheißer gleich am Burgplatz im

Gasthof *Prinz von Oranien,* rauchen, karten nach und
gießen sich einen auf die Lampe, um die Dunkelheit
zu vergessen. Und irgendwann fängt einer mit feuch-
ten Augen zu singen an:

> Wer soll das bezahlen,
> Wer hat das bestellt,
> Wer hat so viel Pinke-pinke,
> Wer hat so viel Geld?

Das Lied soll ja Walter Stein 1949 getextet haben. Aber
damals, 1718, im *Prinz von Oranien* lag der Geist dieses
Liedes schon in der tabakgeschwängerten Luft, als ganz
tiefer Seufzer. Im Juli 1774 hat Goethe an diesem
Seufzertisch gesessen, um sich vom Gang durch die
großartige Kunstgalerie zu erholen. Die gab es immerhin noch in Düsseldorf. Aber die Zeche der Düsseldor
fer wollte auch er nicht zahlen, was ihn nicht abhielt,
selber zu zechen. Zur Zeit Goethes hatte Apoll, der
Gott des Lichts und der Künste, der ehemals schmu-
cken Residenz längst den Rücken gekehrt. Es war zu
einem katastrophalen Ausverkauf der künstlerischen
Elite gekommen. Die „ruhmvolle Kapelle" Jan Wellems,
die 1711 zur Kaiserwahl in Frankfurt aufgespielt hatte,
wurde von Karl Philipp einfach an den Mannheimer
Hof beordert. Dort gaben die Düsseldorfer Künstler als
Mitglieder der berühmten *Mannheimer Schule* noch
über Jahre wichtige Impulse für die Entwicklung in
Theater und Musik. Kein Geringerer als Georg Friedrich Händel, der mehrmals den Düsseldorfer Hof
besucht hatte, kaufte den Sänger Baldassari für sein
Londoner Opernunternehmen. Wo das Glück fehlt,

kommt noch Pech hinzu. Mit der Musik verschwanden auch zahlreiche Kunstwerke und der Hausschatz aus der Stadt. Ob da alles mit rechten Dingen zuging? Einige wertvolle Arbeiten finden sich in den Schloss-neubauten von Schwetzingen und Mannheim wieder.

Auch die Landesmutter bleibt nicht bei ihren Kindern. Die Medici kann das Elend nicht mit ansehen und geht dorthin zurück, wo die Zitronen blühen. Anna Maria Luisa ist viel zu gut erzogen, um ihrem Vater Cosimo III., dem Großherzog von der Toskana, ohne Geschenke unter die Augen zu treten. Die Herzogin nimmt reichlich Kunstschätze aus ihrem alten Domi-zil mit – es erlaubt dies ihr clever ausgehandelte Ehevertrag. Sie schmücken nun die Uffizien und den Palazzo Pitti. Schöner wohnen à la Düsseldorf. Trends, Träume und Tipps aus der Residenzstadt am Rhein, nur leider zahlt der Kunde nicht. Selbst das Reiter-standbild von Grupello hätten sie noch in irgendei-nem süddeutschen Wohnzimmer aufgestellt. Wo doch nach Heinrich Heine so viele Silberlöffelchen der Bür-ger darin verschmolzen waren. Gottlob scheiterten Karl Philipps Pläne, weil er keinen geeigneten Schwer-transporter fand. Wegen ähnlicher technischer Proble-me blieb 1805 ein gigantisches Rubensgemälde in Düsseldorf, das heute im Kunstmuseum besichtigt werden kann. Der Rest dieser kostbaren Gemäldegale-rie, die von den Zeitgenossen in einem Atemzug mit Wien, Dresden und Sanssouci genannt wurde, zog nach München, als aus den bayerischen Düsseldorfern Franzosen wurden. Er bildet heute bekanntlich das Herzstück der Alten Pinakothek. Das Düsseldorfer

Haus war nun endlich leer geräumt. Vorbei war es mit der Herrlichkeit.

▶▶ *Freilich ist Düsseldorf eine kleine Stadt und hat überhaupt keine geistigen Kapazitäten.* ◀◀
Ferdinand Lassalle an Karl Marx

Psychosomatische Reaktionen stellten sich ein, wie man sie von verlassenen Ehepartnern kennt, die allein in der ausgeräumten Wohnung zurückbleiben: Alkoholexzesse, schlaflose Nächte, Essstörung, dafür viel Kaffee und Tabak. Verlassen worden für eine an der Donau, die sich Neuburg nennt. Immer wieder die quälende Frage: Was hat das Flittchen, was wir nicht haben? Dass auch Neuburg schon ein Jahr später für das schöne Heidelberg verlassen wird, kann nur kurzfristig trösten. Der Düsseldorfer fühlt sich abgewertet, ungeliebt, fehlerhaft, ungewollt. Typische Symptome einer posttraumatischen Belastungsstörung, die aber damals noch nicht erkannt wurde. Wenn die Seele kaputt war, ging man in die Kirche. Deshalb gab es ja so viele. Womit wir wieder im „hilligen Coellen" wären. Es mag hämische Äußerungen der Kölner zur Düsseldorfer Misere gegeben haben, Quellen dazu habe ich keine gefunden. Vermutlich war die ehemalige Hansestadt viel zu sehr mit ihrer eigenen Störung beschäftigt, eine Art von Angststörung oder auch Phobie, die sich gerne in einer Übererregung äußert. Spätestens Anfang des 17. Jahrhunderts sind diese Symptome unübersehbar. Da helfen auch keine zwei bis drei Liter Bier pro Tag, die der Kölner im

17. Jahrhundert zu trinken pflegt. Den Kölner treibt aber keine Spinnenphobie um, auch vor Mäusen hat er keine Furcht, sie sind höchstens ein Ärgernis. Nein, er hat panische Angst vor dem Wettbewerb. So kann es kommen, wenn man den freien Handel nie kennengelernt hat. Verwöhnt vom Stapelrecht, mussten die Zwischenhändler nur darauf warten, bis ihnen die Tauben gebraten in den Mund flogen. Herrlich nachzulesen in Carl Dietmars Buch *Das mittelalterliche Köln*, wie der einfache Bürger am liebsten seine Geschäfte machte. Er zitiert den Engländer Reresby: „Sie trinken im Übermaß und machen Geschäfte inter pocula (beim Bechern), weshalb fremde Fürsten besser tun, trinkfeste Männer statt Diplomaten zu ihnen zu schicken. An Festtagen sitzen sie manchmal sechs Stunden zu Tisch; alle müssen betrunken sein."

Mülheim – der Pfahl im Kölner Fleisch

Und plötzlich, mit der Verlagerung der Handelsplätze ans Meer, versiegt die Honigpumpe. Und die Drohnen sitzen am Tisch und kriegen nichts mehr. Panik macht sich breit. Schließlich muss das tägliche Bier bezahlt werden. Welches Aaschjeseech hät dä Pump avjestellt? Die Protestanten, wer sonst, diese Blauköppe, die doch tatsächlich beim Abendmahl echten Wein saufen. Schäle Typen, Heimdücker, die sich schlau außerhalb der Stadt zusammenrotten und Intrigen schmieden gegen das brave Kölner Gewerbe. 1615 setzen traumatisierte Kölner Handwerker auf die schäl Sick nach Mülheim über und marodieren unter dem Schutz von Soldaten durch das Städtchen. Ganz vorne weg die Ketten- und

Räderknechte des Kölner Hafens, dessen Kräne nun viel zu oft stillstehen. Wie die Berserker zerdeppern sie alles, was im Weg steht. Die Waffenschmiede reißen mit ihren Hämmern die Häusermauern ein und zertrümmern die Werkbänke der Gewerbebetriebe. Die berühmten Bettzeugweber zerschlitzen die herrlichen Federbetten. Die Drechsler demontieren Treppengeländer, zerschlagen die herrschaftlichen Tische und reißen die Wagenräder auseinander. Die Kürschner zünden die schönsten Pelze an und die Goldschmiede zerren den Frauen die Ringe von den Fingern. Heißa, macht das Spaß! Und die Bier- und Weinkeller plündern sie auch noch leer, denn der Durst ist groß und Strafe muss sein. Das Vergehen der Mülheimer: Sie produzieren Waren, die auch die Kölner Kundschaft schätzt. Was ja nur mit dem Teufel zugehen kann. Denn bisher war doch alles, was aus Köln kam, erste Sahne gewesen: kölnisches Garn, kölnische Leinwand, kölnisches Tuch, kölnisches Salz – kurz alles, was den Zusatz kölnisch trug. (Kölnisch Wasser, Kölsch, Köln-Rock und Kölner Ring kamen erst viel später und sind in ihrer Qualität umstritten.) Kölnisch war das *Made in Germany* des Mittelalters. Dass jede Erfolgsserie, außer der Wurst, mal ein Ende hat, ist im Weltbild des Kölners nicht vorgesehen. Anstatt Antworten auf den ökonomischen Wandel zu finden und neue Warenkonzepte zu entwickeln – es gab damals ja bereits die Idee der Manufaktur, in der verschiedene Handwerke zentral unter einem Dach arbeiten –, holen die Kölner den Knüppel aus dem Sack. Hossa! Bauernschlau nutzen sie die Wirren des Glaubenskriegs, um sich die unliebsame Wirtschaftskonkurrenz vom Hals zu schaffen. Wobei sie nach außen das Unschuldslamm geben, schließlich will es sich die freie Reichsstadt nicht mit ihren protestantischen Geschäftsleuten in Holland und England verscherzen. Spanische Truppen übernehmen die Drecksarbeit vor den Toren Kölns. Bereits 1614 lässt General Spinola mit Billigung des deutschen Kaisers die Befestigungen Mülheims niederreißen. Bis 1641 schauen immer mal wieder katholische Marodeure vorbei. Ob auch Schutzgelder genommen wurden, ist nicht bekannt. Armes, drangsaliertes Mülheim, hast du denn keine Freunde?

Einige Quellen nennen den Grafen von Berg als Besitzer dieser Ortschaft. Das ist verblüffend. Denn der Urheber dieser bergischen Außenpolitik residierte in Düsseldorf: Pfalzgraf Wolfgang Wilhelm von Neuburg. Ist es vermessen, im Mülheimer Konflikt einen Stellvertreterkrieg zu sehen, initiiert vom eigentlichen Konkurrenten Kölns, dem Landesherrn in Düsseldorf? Von wegen kein Streit am Rhein. Die Großstadt Köln fühlt sich durch Wolfgang Wilhelms Siedlungspolitik nicht nur provoziert, sondern sogar bedroht. Verfolgungswahn? Mülheim liegt knapp zwei Kilometer nördlich der freien Reichsstadt. Es gab zu dieser Zeit ja noch nicht die dicke Berta. Aber die tolle Grete. Diese Kanone böllerte fünfzig Kilogramm Eisen an guten Tagen vierhundert Männerschritte weit. Bums! Und dann hätte es vor der Stadtmauer irgendwo auf dem Acker plopp gemacht. Also, unmittelbare Gefahr ging von den Kartaunen, Scharfmetzen, Feldschlangen und wie die Geschütze damals hießen wahrlich nicht aus. Trotzdem bedeutet Mühlheim eine mögliche wirtschaftliche sowie militärische Konkurrenz für Köln. Von der dort herrschenden Religionsfreiheit als Zankapfel einmal ganz zu schweigen.

Es geht also nicht nur um niedere Beweggründe wie den Neid, wenn wir dem Konkurrenzverhältnis zwischen Köln und Düsseldorf nachspüren. Handfeste kommerzielle und machtpolitische Gründe spielen hier mit. Bereits 1286 reißen Soldaten des Erzbischofs die Holzerdemauer von Mülheim nieder. 1417 wiederholt sich das Spiel. Mülheim, das Stehaufmännchen. Es ging schon damals um nichts Geringeres als die Herrschaft am Rhein. Bis in die Barockzeit stehen die Bergischen den Kölnern ständig auf den Füßen herum. Entweder sind die Grafen und Herzöge schlechte Tänzer oder sie lieben es, an den Nerven zu sägen. Jan Wellem trieb es noch weiter und ging gleich auf die linke Rheinseite. Was einem Tritt auf die Hühneraugen gleichkommt. Denn die Ländereien gegenüber Düsseldorf gehörten damals zu Kurköln. Dort errichtete der Barockfürst 1689 ein Fort, das er keck Düsselburg nannte. Prompt quickten die Leute des Kölner Bistums auf und die Düsseldorfer mussten von dem Fuß wieder runter. Vor diesem Hintergrund kommen mir die Kanonen auf der Jacht des Kurfürsten plötzlich gar nicht mehr so überflüssig vor. Der Barockfürst pflegte nämlich regelmäßig im Königsforst bei Bensberg zu jagen. Was lag da näher, als mit dem Kanonenboot (Heidewitzka, Herr Kapitän!) an Feindesland vorbei bis Mülheim zu fahren. Von dort ließ es sich bequem in den schönen Eichenwald reiten, um den munteren Rehlein nachzustellen.

Apropos Bensberg! Historiker Trottmann vermutet, dass Kanonenbootfahrer Jan Wellem vom erhöhten Jagdschloss aus eine recht unerträgliche Demütigung des Kölner Bürgergeistes plante. Sein heute vor dem Düsseldorfer Rathaus stehendes Standbild war nämlich zunächst für den Neubau von Schloss Bensberg gedacht. Gemeinsam mit Vater Philipp Wilhelm, ebenfalls hoch zu Ross, wollte der Fürst die Mittelachse des venezianischen Gebäudekomplexes beherrschen und direkt auf den Kölner Dom blicken. Dieses winzige Etwas im Tale. Da das Barock voller Symbolik wimmelt, muss der Blick von oben herab auf das Kölner Wahrzeichen ziemlich politisch genommen werden. Jan Wellems Tod stoppte diese Frechheit.

Also wenn dies alles nicht als Streit am Rhein bezeichnet werden kann, dann sind wir in der Welt von Georg Orwells Neusprech angekommen, in der ja bekanntlich der Krieg Friede heißt. Es kommt aber noch doller. Durch einen Gerresheimer Heimatfreund erfahre ich, dass Jan Wellem doch noch provoziert. Als 3,15 Meter hohes Denkmal im Mülheimer Stadtgarten. Wie Pan schreckt der Kurfürst die Domstädter einfach durch die Obszönität seiner Anwesenheit; ein gebürtiger Düsseldorfer auf dem Marmorsockel mitten im heutigen Köln. Der Stifter des Denkmals, der Mülheimer Fabrikant Christoph Andreae, wollte 1913 bewusst die Domstadt brüskieren: So als hätte er von dem Bensberger Plan gewusst. Ihm stank es mächtig, dass seine tüchtige Gemeinde nach Köln eingemeindet werden sollte. Jan Wellem als Pfahl im Fleisch der kölschen Frohnaturen. Der Protestant Andreae möchte nicht, dass vergessen wird, wie mit seinen Vorfahren umge-

sprungen wurde. Wegen der Schikanen des Rates mussten sie 1714 Köln verlassen. In Mülheim fanden sie
Asyl, da der Herr in Jagdkleidung und Dreispitz eine
tolerante Konfessionspolitik betrieb.

Wobei die bergischen Herrscher keine Gutmenschen
waren. Vermutlich hätte Jan Wellem auch Christoph
Andreae einen Plackscheißer geschimpft, wenn er ihm
Geld für die Kunst verweigert hätte. Die Grafen bzw.
Herzöge von Berg betrieben, wenn sie die Mittel hatten, eine durchaus aggressive Außenpolitik mit dem
Ziel, die rechte Rheinseite von Duisburg bis Köln zu
kontrollieren. Es herrschte, mehr oder weniger offen,
ein Wirtschaftskrieg. Vermutlich versuchten die Bergischen mit der Festung Mülheim das Stapelrecht der
Kölner zu umgehen. Jan Wellem brach immer wieder
dieses Zwangsrecht und fand zollfreie Wege nach
Frankfurt. Ging der Schmuggelpfad durch den
Königsforst? In jedem Fall ist Mülheim für die ungleichen Herrscher Wolfgang Wilhelm und Johann
Sigismund wirtschaftlich höchst interessant. Den
gemeinsamen Regenten, der eine Katholik, der andere
Calvinist (weshalb sie sich auf eine tolerante Konfessionspolitik einigten), passt die Kölner Unduldsamkeit
wunderbar ins Wirtschaftskonzept. Die Protestanten
gelten als innovativ. Die Herzöge starten eine Werbe-
kampagne und versprechen den Neubürgern finanzielle Vorteile sowie volle Religionsfreiheit. Da dieses
„Toleranzedikt", wie Dieter Forte es nennt, einmalig
in Deutschland war, strömten aus allen Himmelsrichtungen Abtrünnige des katholischen Glaubens nach
Mülheim, um dort eine freie Existenz aufzubauen.

Die Befestigungsmauern hießen auch noch provokant *Freiheit* (heute noch unter dem Namen *Mülheimer Freiheit* als Straßenzug vorhanden). Keine schlechte Pointe: Über Jahrzehnte haben die Kölner also einen Kriegszug „gegen die Freiheit" geführt. Immer wieder über den Rhein gepaddelt und die Freiheit eingerissen. Das erzähle heute mal einem Kölner, wenn er so gemütlich in seiner Veedelskneipe sitzt, „tolerant bis unter die Haarspitzen" (laut Eigenwerbung). Fällt der doch vom Glauben ab.

Ach übrigens: Herzog Wolfgang Wilhelm konnte seine Mülheimer leider nicht schützen. Der Dreißigjährige Krieg terrorisierte auch das Rheinland. Der Herzog hatte alle Hände voll zu tun, um seine Residenzstadt vor Unheil zu bewahren. An die tausendfünfhundert Soldaten hausten in der Zitadelle mit fünftausend Bürgern zusammen, nur um die Stadt zu halten. (Man möchte in dieser Zeit keine Mutter mit Töchtern gewesen sein.) Sogar die umliegenden Gemeinden wie Monheim, Benrath, Angermund und Gerresheim musste der Landesvater sich selbst überlassen. Das mittelalterliche Kulturzentrum Gerresheim verarmte durch die zahlreichen Plünderungen und spielte nie wieder eine große Rolle. Ein ähnliches Schicksal erfuhr das zu Kurköln gehörende Kaiserswerth. Der schwarz gebrannte hohle Backenzahn der Pfalz mahnt heute die Ausflügler, tolerant miteinander zu sein.

Aber kehren wir zurück ins lebensfrohe Rokoko, das für Kölner wie Düsseldorfer nur Anlass zu Depressionen gibt. Während in Mannheim unter Carl Theodor eine europäische Kulturszene entsteht und in Weimar die Stürmer und Dränger Geniegelage feiern, waten die Städter am Niederrhein zerknirscht durch den Kot ihrer Straßen. Jan Wellems Tod schockt die Bürger so sehr, dass die Taufziffer rapide abfällt. Die Einwanderer retten Düsseldorf vor dem Aussterben. Bis 1790 hat die Stadt etwa zwanzigtausend Einwohner. Der Knubbelfutz ist nur noch halb so klein wie die rheinische Schwester, die seit Jahrhunderten unter einer Wachstumsstörung leidet und bei ungefähr vierzigtausend stagniert. Das wird bis 1805 so bleiben. Während Köln wegen seiner religiösen Unduldsamkeit langsam anämisch wird, sorgen hugenottische Familien in Düsseldorf für frisches Blut. Weidenhaupt stellt aber ernüchternd fest, dass in der verlassenen und vernachlässigten Residenz wirtschaftlich keine großen Sprünge möglich waren. Obwohl das hiesige Handwerk, wie es sich für eine Residenzstadt gehört, auch gehobenen Ansprüchen genügte, sodass auch wohlhabende Neusser reichlich Aufträge vergaben.

Gehobenen Ansprüchen genügen in Köln nur die Produkte von Immis, also Neubürgern. Der Belgier Heinrich Joseph Dumont bringt durch Tabakqualm ein bisschen Schwung in die Kölner Bude. 1735 gründet er die erste Kölner Tabakfabrik. Und ein Italiener fand ein Mittel gegen den pestilenzialischen Gestank in den Kölner Gassen: ein Parfum. Das Stammhaus des Johann Maria Farina steht noch heute *gegenüber dem Gülich-Platz*, so seit 1769 die feste Zusatzbezeichnung der Firma *Fratelli Farina*. Es war noch die vornapoleonische Zeit und es gab keine Hausnummern. (Die nutzten erst andere berühmte Duftnasen.) Ansonsten dämmert das hillige Coellen im Schatten des unvollendeten Doms vor sich hin. Die Zunftprivilegien blockieren jedes Umdenken. Technische Neuerungen waren nicht nur verpönt, sondern regelrecht verboten.

So musste erst ein „Antichrist" kommen, der nur seinen Pferden den Kirchenbesuch erlaubte, um die Stadt mit den tausend Kirchen zu erlösen.

❹ Hilfe, die Protestanten kommen!

▸▸ *Einen Konflikt zwischen beiden Städten, oder besser: eine tiefer gehende Gekränktheit auf Seiten Kölns, sehe ich erst nach 1850, als Düsseldorf in der Einwohnerzahl an Köln vorbeizieht und sich die Malerfürsten schöne Villen bauen. Auf einmal wird das hässliche Entlein zum richtig großen Schwan. Die alte Metropole Köln hat immer noch die hässliche, hochwassergefährdete Altstadt, während Düsseldorf Teile der Altstadt wegräumt und schöne Gebäude an den Rhein setzt. Nicht umsonst findet 1902 die große Industrie-, Gewerbe- und Kunstausstellung eben nicht in Köln, sondern in Düsseldorf statt.* ◂◂
Kajo Trottmann, Historiker

Köln ruht selbstzufrieden in sich, Düsseldorf erfindet sich nervös immer wieder neu. Machtvolle Monokultur gegen wuchernden Mischwald. Unterschiedlicher kann der Habitus zweier Schwestern nicht sein.

Gegensätze ziehen sich an, sagt der Volksmund.
Wir dürfen vermuten, dass zumindest unterschwellig
eine gegenseitige Anziehungskraft besteht. Aber eben
durch die Andersartigkeit auch eine gewisse Scheu
und Zurückhaltung. Düsseldorf kenne keine Konti-
nuität, die Bevölkerung habe sich stets erneuert, so
beschreibt der Historiker Kajo Trottmann seinen
Geburtsort. Das heißt, eigentlich ist er stolzer Gerresheimer und blickt mit kritischer Sympathie auf die
Krake am Rhein, die die viel ältere Gemeinde mit dem
berühmten Frauenstift einfach verschlungen hat. Das
war 1909, da war Düsseldorf durch Eingemeindungen
und durch Zugereiste so gewachsen, dass man ihr die
Million vorhergesagt habe, so Trottmann. Der Hosenmatz hatte es in sechshundert Jahren Adoleszenz nun
fast auf Augenhöhe mit seiner römischen Schwester
geschafft. 1913 lag das stolze Köln nur noch mit
knapp hundertfünfzigtausend Einwohnern vor dem
Kackaasch an der Düssel (402.300 Personen). Aber die
Katastrophen nach dem Ersten Weltkrieg mit Rüben-
winter, Inflation und sozialen Verwerfungen zerstör-
ten den Traum vom Giganten.

Wie unterschiedlich die zwei Schwestern sind, offenbart
sich auch in den Stadtplänen. Trottmann, wissenschaft-
licher Mitarbeiter des Stadtmuseums a. D., dechiffriert
für mich die alten Skizzen der Mauerverläufe und Zita-
dellen. Köln habe sich um die alte Stadt herum halb-
kreisförmig erweitert. Wie die Ringe eines Baumes
legen sich die Epochen um den antiken Kern. Kölns
Stadtplan zeigt den Querschnitt einer deutschen Eiche,
eingefasst von einer massiven Rinde aus Wehrtürmen

und Steinmauern. Düsseldorf wächst eher wie Giersch. Es kennt keine Ringe, sondern Wildwuchs. Weshalb die Kölner schon befürchten mussten, ihre Stadtmauer werden von diesem Doldenblüter völlig überwuchert werden. Bis nach Mülheim hatte es das Unkraut ja bereits geschafft. Von daher kommt auch das böse Schimpfwort: „Biste 'ne Doll?" Auf Hochdeutsch heißt das: „Bist du ein Doldenblüter?", also Düsseldorfer. Abhängig von den Launen des Landesherrn wucherte die Residenzstadt mal nach Osten hin, mal nach Süden, übersprang bei günstigem Wind auch mal den Rhein. Weshalb trotz großer Gegenwehr durch Kölner Gärtner der Doldenblüter heute von Heerdt bis Niederkassel wächst. Auch die erzbischöfliche Kaiserpfalz im Norden ist längst überwuchert. Neuss, Meerbusch und Ratingen streuen wie verrückt Unkrautvernichter, damit der Doll nicht auch in ihre Gemeinden kommt. Nicht mal die eigene Stadtmauer respektiert der Giersch. Da die Stadt schnell zu eng wurde, bauten manche Landesherren außerhalb der Mauern. Was für die Anwohner nicht immer gemütlich war. Es fehlte halt allzu oft das Geld für die Erweiterung der Festungsanlagen. Die Pfeffersäcke aus Köln hatten da gut lachen. Sogar ihr Zentrum versetzten die Düsseldorfer. So was kennt nicht mal der Giersch. Selbst der wächst aus einem einzigen Rhizom heraus und bildet dann Ausläufer. Düsseldorf hat nun zwei Wurzeln, eine alte unter der Basilika Lambertus und eine neue unter dem Martin-Luther-Platz, auf dem die backsteinerne Johannes-Kirche steht. Doppelwurzeln in der Natur sind äußerst selten, mir fällt da eigentlich nur die Alraune ein, eine fleischige, dicke Pfahlwurzel, die oftmals gegabelt ist und dadurch nicht selten einer menschlichen Gestalt ähnelt. Die Alraune bietet Stoff für Hexengeschichten und gruselige Märchen. Man nennt sie auch Galgenmännchen oder Dollwurz, womit sich der Kreis zum Doldenblüter wieder schließen würde. Ich sehe förmlich, wie der abergläubische Kölner des 19. Jahrhunderts seine Kinder warnt: „Der Düsseldorfer kann mehr als Äpfel braten, der hat einen Alraun im Leib. Sei auf der Hut, Hänsken, dat ist kein Kamerad für dich." Und nun wird auch klar, warum es von Köln aus keine Hinweisschilder zur Landeshauptstadt gibt. Es hat nämlich schon Kölner gegeben, die Düsseldorf sahen und zur Salzsäule erstarrten.

Dabei war die Sache mit den zwei Zentren gar nicht frei gewählt. Dass die alte Stadt an den Rand rutschte, hatte Napoleon mit seinem Verschönerungsdekret verschuldet. Brachial ließ er die Wehrmauern schleifen, öffentliche Spazierwege anlegen und am Stadtgraben entlang eine Allee bauen. Mit dieser Prachtstraße am äußersten Stadtrand musste Düsseldorf seine Mitte neu finden. Was die Preußen dreist übernahmen und den Königsplatz (heute Martin-Luther-Platz) zum neuen Herzen der Residenzstadt ausriefen. Wobei ein Doppelherz ja nichts Schlimmes sein muss. Heißt es nicht: die Kraft der zwei Herzen? Die Kölner Eiche steht, Düsseldorf geht. Die Stadt geht mit der Zeit und auch mit fremden Männern. Eine 1809 von den französischen Besatzern in Auftrag gegebene Umfrage zeigt, dass diese Stadt für damalige Verhältnisse weltoffen war. Es herrschte, so Trottmann, rühmlichste Eintracht zwischen den Konfessionen. Und dann zeigt er mir ein

Schreiben des Maire (Bürgermeisters) von Düsseldorf,
Freiherr von Pfeill, der 1809 an den Präfekten des
Rhein-Departements schrieb. In seiner Statistik beant-
wortet er auch dessen Fragen zum „Privat-Zustand"
der Einwohner:

Welch ist die Religion der Einwohner?
Die katholische, lutherische, und reformirte, auch sind
einige wenige Juden hier

Wie zahlreich ist jede Religions Parthei?
Die Anzahl der Katholicken beträgt sich = 19.860,
die der Lutherischen = 850, die der Reformirten = 883,
die der Juden = 158

Wie verhalten sich dieselben gegeneinander?
Unter den verschiedenen Religionsgliedern herrscht der
rühmlichste Duldungsgeist und Eintracht

Welch ist der moralische Hang der Einwohner?
Die allgemeine Stimmung der hiesigen Einwohner ist in einem
vielleicht zu hohen Grade zum Genuß eines jeden geselligen
Vergnügens und Zerstreuung

Sind dieselben betriebsam oder zur Trägheit geneigt?
Dieselben sind schlau und zu jedem Gewerbe geeignet

**Welche Art Antriebes braucht der Einwohner, und wohin ist
die Thätigkeit desselben vorzüglich zu richten?**
Gegenstände zur Zerstreuung sind möglichst für die niederen
Klassen zu entfernen, übrigens wird sich die Thätigkeit bei der
nächst zu hoffenden Zunahme des Handels hinlänglich von
selbst entwickeln

Die Düsseldorfer werden hier also als „schlau und zu jedem Gewerbe geeignet" geschildert. Das Adjektiv „schlau" meine ich auch bereits in Charakterbeschreibungen der Kölner gelesen zu haben. Schlau ist auch Reineke Fuchs, also listig und durchtrieben. Vermutlich meint der Schreiber aber auch das Helle an diesem Begriff, das Wendige und Erfinderische. Ist das eine rheinische Eigenart? Mit diesen Leuten kannst du zumindest arbeiten. Auch Köln hatte sich endlich anderen Konfessionen geöffnet. 1812 lebten immerhin tausendsiebenhundert Protestanten in der Stadt, dessen Dom noch immer eine Ruine war. Und mit dem angesehenen Bankier Salomon Oppenheim jr. genossen auch wieder Juden Bürgerrechte, wenn auch eingeschränkt. 1807 lebten hundertdreiunddreißig Juden in Köln. Trotzdem gestalteten diese tüchtigen Minderheiten nur am Rande die Geschicke der Stadt mit. Zur Zeit Napoleons saß eine kleine Elite von Patriziern an den Schalthebeln und Futtertrögen, ein Prozent bestimmte die Geschicke aller. Ob der Kölner deshalb gleich mit Erbrechen und Durchfall reagiert, wenn er das Elitäre auch nur wittert? Schließlich hat er mit seinen Eliten schlechte Erfahrungen gemacht. Die Gruppe der Großkaufleute war die wirtschaftlich wichtigste Macht in Köln, die sich auch zahlenmäßig stetig vergrößerte. Danach kam eine Mittelschicht, die bei zehn Prozent lag, der Rest lag mehr oder weniger in der Gosse. Köln befand sich damals in einer sozialen Lage, wie wir sie heute in Teilen Afrikas vorfinden.

Den Düsseldorfern ging es durch die vielen Beamten etwas besser. Durch Dienstleistungen gab es zumindest eine Menge Jobs im Niedriglohnbereich. Es wäre eine gute Zeit für die FDP gewesen. Außerdem subventionierte Napoleon Düsseldorf, weil ihm das possierliche Gartenstädtchen gefiel, mit immerhin 91.000 Franc. So steht es bei Weidenhaupt. Mit dieser Summe wurde der Hofgarten in Angriff genommen. Insgesamt wird das Verschönerungsdekret zusätzliche Arbeitsplätze geschaffen haben. Für den Empfang des Kaisers wurde beispielsweise Schloss Jägerhof mächtig herausgeputzt. Damit hatten schon einmal die Handwerker der Stadt eine gesicherte Existenz. Und die Schneider steuerten die nötigen Uniformen bei. Die Preußen beschreiben die Stadt wenig später aber, wie Weidenhaupt weiß, als „verlorene Residenz, die nur als solche im Wohlstand blühte und nun das Bild einer glänzenden Armut im wahren Sinne des Wortes" abgab. Immerhin eine glänzende Armut, im Gegensatz zur glanzlosen Armut Kölns.

Den Einzug des preußischen Militärs beurteilt Weidenhaupt für Düsseldorf positiv: Die Soldaten brachten Wirtschaftskraft. Wohingegen Köln die Soldaten nur schlecht verkraften konnte, die Baumringe waren ausgereizt. Die Eiche wächst, die Rinde nicht. So ganz stimmt meine Feststellung also nicht, dass Köln nur steht. Die Bevölkerung wächst. 1850 hatte sie sich innerhalb von fünfunddreißig Jahren verdoppelt. Diese Masse von hunderttausend Menschen sorgte auch für eine neue Dimension der sozialen Problematik.

▸▸ *Welch ein himmelweiter Unterschied zwischen Köln und diesem netten, reinlichen, wohlhabenden Düsseldorf.* ◂◂
Georg Forster, deutscher Naturforscher und Reiseschriftsteller

Eingemeindungsepidemie

*„Da es nun der Zufall will, daß an der Spitze der
rheinisch-westfälischen Großstädte lauter Oberbürgermeister stehen, die in dem Städtewettbewerb das
A und O ihrer Kommunalpolitik und in der Errichtung
von kommunalen Großfürstentümern mit Stadt- und
Landvolk ihr Selbstverwaltungsideal sehen und es
daher verkörpern wollen, so ist das Unglück geschehen. Adenauer will vom Kölner Dom aus bis Worringen zeigen können: ‚Das Land, so weit du siehst,
ist mein.' Unser Oberbürgermeister [Lehr] stellt sich
natürlich auf das Marxhaus und spricht in Gedanken
mit einem sehnsüchtigen Blick nach Benrath,
Hilden und Kaiserswerth frei nach Schiller: ‚Dies alles
ist mir untertänig!'"*   Isaac Thalheimer, Journalist

Dazu ein paar Fakten:
Lästerzungen behaupten gern, dass Düsseldorf „nur"
durch seine Eingemeindungen zur Großstadt geworden
sei. Dabei wird geflissentlich übersehen, dass Köln bis
zu seinem Mauerfall (erster Durchbruch 11. Juni 1881)
über eine der kleinsten Gemarkungen einer deutschen
Großstadt verfügte. Innerhalb der 4,5 Kilometer langen
Mauern drängten sich hundertachtundachtzig Einwohner pro Hektar. In Düsseldorf, das als Stadt über reichlich Hinterland verfügte, verloren sich um die zwanzig
Männlein pro Hektar Stadtfläche. 1880 zählte die Gar-
tenstadt 95.458 Einwohner. Die Domstadt kam auf

gequetschte 144.772. Durch die Eingemeindungen vergrößerte Köln sein Stadtgebiet um das Zehnfache und
wurde flächenmäßig die größte Stadt des Reiches.
Und das innerhalb einer Dekade! 1888 kassierte Köln
sage und schreibe sechsundzwanzig Vororte ein. „1910
kamen Kalk und Vingst hinzu, wodurch Köln nach
Einwohnern die zweitgrößte Stadt Preußens wurde.
1914 wurde zudem noch Mülheim eingemeindet",
wissen Dietmar und Jung. In dieser Zeit war Köln auf
635.747 Einwohner angewachsen und hatte sein Stadtgebiet verzehnfacht. Ein machthungriger Politiker wie
Konrad Adenauer war dennoch nicht satt. 1922 gelang
ihm in einer Nacht-und-Nebel-Aktion auch noch der
Anschluss von Worringen. Düsseldorf kann da als
Kolonialmacht nicht mithalten. Laut Fritz Dross hat
es vor der Eingemeindung von Wersten im Jahre 1908
mehrere Jahrhunderte lang keine Vergrößerung des
Stadtgebiets gegeben. Düsseldorf wuchs vor allem
durch Zuzug, hervorgerufen durch eine gute Infrastruktur und durch die „niedrigsten Kommunalsteuer-
sätze im Westen des Reiches". Bevor sich die Stadt
1908/09 immerhin neun Gemeinden einverleibte,
wohnten bereits ca. 300.000 Leute dort. Düsseldorf
war da also längst eine Großstadt. Immerhin wuchs
die Stadt um das Doppelte und beanspruchte nun mit
11.000 Hektar ebenso viel Raum wie Köln. Die Bevöl-
kerungszahl stieg um 52.000. Zählt man die Einwohner
der zweiten Eingemeindungswelle 1929 hinzu (die alte
Reichsstadt Kaiserswerth kam mit an Bord), dann hat
Düsseldorf 87.000 Neubürger durch diese „Annektio-
nen" hinzugewonnen. Wem es Spaß macht, der recher-
chiere jetzt mal die Kölner Zahlen.

Berlin brüskiert Köln

Vielleicht sind die Kölner Gassenjungen schuld, die
den preußischen Respektpersonen recht despektier-
liche Komplimente hinterherriefen und danach flugs
um die nächste Ecke verschwanden: „Rote Kragen,
nix im Magen/Goldene Tressen, nix zu fressen/Stink-
preuß!" Die Stadt, die sich immer noch als Königin
des Rheins sah, wurde von den neuen Machthabern
nicht hofiert. Es mag unter anderem daran gelegen
haben, dass preußische Protestanten und Kölner
Katholiken überhaupt nicht miteinander konnten.
Aus Kölner Sicht bevorzugten diese „Preußeköppe"
kränkend popelige Gemeinden wie Bonn, Koblenz
und Düsseldorf bei der Vergabe wichtiger Aufgaben.
Und ausgerechnet die „enjebilte Penn" im Norden
schöpften die Sahne ab. Das muss für das Kölner
Selbstwertgefühl geradezu erschütternd gewesen sein.
Eine Wunde, die von den Engländern 1946 wieder
aufgerissen wurde und seitdem schwärt. Dass die
Preußen Düsseldorf in manchem bevorzugten, mag
auch an den vielen Protestanten liegen, die dort das
Sagen hatten. Vermutlich stimmte zwischen diesen
Düsseldorfern und den Preußen die Chemie. Die Kölner waren gefrustet, spielten sie doch bei der Neuge-
staltung der Rheinlande keine entscheidende Rolle
mehr. Die Historiker Carl Dietmar und Werner Jung
sprechen in der *Kleinen illustrierten Geschichte der
Stadt Köln* gar von bitterer Enttäuschung. Die Rheinische Universität kam 1818 nach Bonn und die Kunstakademie nach Düsseldorf. Dort wurde fünf Jahre
später auch noch der neu geschaffene Provin-
ziallandtag errichtet. Köln blieb nur der Sitz des

Regierungsbezirks, aus dem sich später das Oberlandesgericht entwickelte.

Wie sehr die Kölner sich reinknieten, um die Vormacht am Rhein zu halten, zeigt eine kleine Anekdote aus dem Jahr 1804: Als Napoleon in Köln gemeinsam mit seiner Frau Josephine einritt, jubelte die Bevölkerung ähnlich wie in Düsseldorf dem Imperator zu. Brachte er doch französische Freiheiten ins Rheinland mit. In Düsseldorf läuft der Empfang des Herrschers sehr gesittet ab: Höchste Minister, Vertreter der Geistlichkeit, Beamte und Kaufleute empfangen Napoleon. Das Oberhaupt der Stadt, Freiherr von Pfeill, begrüßt ihn auf Französisch und überreicht den Stadtschlüssel.

Die Kölner bevorzugen den höfischen Kotau. Die Stadt ist am 13. September bunt geschmückt und hell erleuchtet, Glocken werden geläutet und Kanonenschüsse abgefeuert. Die Bevölkerung ist aus dem Häuschen. Einige sind so außer sich, dass sie die Pferde ausspannen und selbst den Wagen bis zum Quartier des Kaisers ziehen.

Ob die Kölner dabei auch noch gewiehert und mit den Hufen gescharrt haben? Immerhin stimmte Napoleon einer Verlängerung des Stapelrechts zu. Bei einem späteren Besuch war es mit der Freundschaft aber vorbei. Gereizt soll er den schockierten Kölnern empfohlen haben: „Geht nach Düsseldorf und lernt dort, wie man einen Kaiser empfängt." Unter den Preußen stieg Köln zur uneinnehmbaren Festungsstadt auf, was wohl den Schreinern und Maurern

Arbeit brachte, aber die Stadt in ein Korsett steckte.
Die Mauern hemmten die Ansiedlung größerer Fabriken. Weshalb Köln auch später als Düsseldorf in das
industrielle Zeitalter hineinfand. Die Kölner hatten
wirklich Pech mit ihren Okkupatoren.

Die Urdüsseldorfer haben andere Probleme. Spätestens Anfang des 19. Jahrhunderts sind sie entmachtet.
(Könnte den Kölnern nicht passieren.) Durch die religiöse Toleranz der Regierungen mussten sie stets
Fremde in ihren Reihen ertragen – was nicht ohne
Reibereien abging. Zumal die Zugereisten oft mit
neuen Wirtschaftsideen kamen. Schon unter Wilhelm
dem Reichen baten protestantische Niederländer um
Asyl. Karl V. hatte sie gewalttätig aus dem Land
gepresst – für ein rein katholisches Holland. Das
„Reine" ist wohl ein uralter Traum. Die Holländer
bringen ihre Erfahrungen in Handel und Handwerk
ein und verfeinern die Wollverarbeitung. Danach
kommen die Wallonen, großartige Bergleute, durch
die unter anderem das Bergische Land aufblüht. Dann
die Hugenotten, auch sie haben Wissen im Gepäck.
Und schließlich die preußischen Protestanten. Das
Hötter Platt (Hüttenplatt) der Gerresheimer Glashütte
hatten 1862 übrigens die Mecklenburger mitgebracht.
Die nachfolgenden Pommern, Schlesier, Polen, Russen
und Italiener hatten den lokalen Dialekt dann einfach
übernommen. Dieser hohe Anteil an Zuzüglern erge-
be bis heute eine riesige Angebotsbreite, erklärt Kajo
Trottmann. Er meint damit auch die Lebensmittel.
Denn die Neubürger brachten ja auch ihre kulinari-
schen Vorlieben mit. Was die lebensfrohen Katholiken

ein wenig versöhnt haben mag. Noch heute bietet die Bäckerei Hinkel das Oberländer Brot an. Dass es aus dem Oberland kommt, aus Hessen, weiß kein Schwein. Die Nordhessen seien in Düsseldorfer Manufakturen und Kleinbetrieben wegen ihrer handwerklichen Geschicklichkeit sehr beliebt gewesen. Trottmann redet ohne Punkt und Komma über Geschichte, höchstens mal, dass er an seiner Pfeife zieht. „Das waren Frickler. Die schmalen heimischen Äcker gaben zu wenig her, also haben die nebenbei was gemacht und verkauft." Als das nicht mehr ging, haben sie ihr Bündel geschnürt und sind ab nach Düsseldorf. Köln hätten sie auch gerne gewählt, aber die nahmen keine Fremden. Im Dreißigjährigen Krieg komplimentierten sie sogar ihre englischen und holländischen Geschäftsfreunde wieder hinaus. Damit das nicht so auffiel – das wäre ja geschäftsschädigend gewesen –, schikanierten sie indirekt, indem es amtliche Genehmigungen nicht gab. Schlitzohren, die Kölner. Aber vielleicht hatten sie ja recht. Wer seinen Dialekt behalten will, darf keine Ausländer reinlassen. Die verwässern. Abgrenzung befördert das Brauchtum. Deshalb gehört der Immi *(imiteete Kölsche)* zum Kölner Sprachgebrauch. Seit Anfang des 19. Jahrhunderts ist Düsseldorf hochdeutsch. Was in den Kölner Ohren hochnäselig klingt. Weshalb der Kabarettist Konrad Beikircher den Düsseldorfern im *Kom(m)ödchen* an den Kopf wirft, keine richtigen Rheinländer zu sein. Nachdem er genug geschimpft hat, macht er ein Kompliment: In Köln dürfe er nicht so offen gegen Kölner schwadronieren. Trottmann, wohlgemerkt kritischer Gerresheimer (man sieht die Distanz zu Düsseldorf schon an den selbstgestrickten Socken und den Gesundheitssandalen), rühmt das hohe Toleranzniveau. Nachteil dabei sei aber auch die Gleichgültigkeit: Mir doch egal. Und jede Gruppe bleibt für sich.

Die Italiener, um 1950 wegen der Glashütte nach Gerresheim gekommen, seien noch heute „italophon". In Düsseldorf wirst du nicht zur Assimilation genötigt. Wohingegen Köln ja das absolut konträre Programm fährt: Wir halten zusammen, alle müssen „Fründe" sein.

Wer will, dass Düsseldorf wie Köln Dialekt spricht, fordert zumindest unbewusst eine Reinheitslehre. Das mag gut für die Gemütlichkeit sein, nichts riecht leckerer als der eigene Mief. Aber mit diesem Ausgrenzungsprogramm wäre Düsseldorf vermutlich noch hinter Neuss zurückgefallen. Überspitzt könnte man sagen, Düsseldorf hat seine Ureinwohner ins Reservat gesteckt. Das ist gnadenlos, das ist bitter, aber erfolgreich. „Die Eingeborenen sind herzlich", beschreibt Trottmann die alten Düsseldorfer. Bei Fortunaspielen dürfen sie auf dem Mittelkreis ihre Tänze zeigen und sie bekommen Altbier, bis der Arzt kommt. Aber zu sagen haben sie nichts. Offensichtlich stimmt die Beschreibung des Präfekten nur bedingt, „schlau und zu jedem Gewerbe geeignet" zu sein. Zu viele qualifizierte Arbeitskräfte kommen von außen, um die Maschine am Laufen zu halten. Den Katholiken bleibt das Brauchtum. Sie sind für qualifiziertere Arbeiten offensichtlich ungeeignet und scheinen so verschnarcht gewesen zu sein wie viele Kölner Katholiken. Gute Facharbeiter werden von außen geholt. Es sind die Zugereisten, die sich in Düsseldorf ums Geschäftliche kümmern. Die Fremdenfreundlichkeit rechnet sich, denn die Evangelischen bringen Steuerkraft mit. Fritz Dross bestätigt Trottmanns Einschätzung: „Die meisten der die Spitzen der militärischen und zivilen Behörden bekleidenden Neu-Düsseldorfer waren Protestanten, während sich die Bevölkerung zu über achtzig Prozent katholisch bekannte." Nicht mal im Stadtparlament haben die Katholiken das Sagen, weil das 3-Klassen-Wahlrecht die Wohlhabenden bevorzugt. Ich wundere mich, dass in Düsseldorf nicht Dubliner Verhältnisse aufkamen. Die Knarre raus und weggepustet die protestantische Bagage. Erstaunlich auch, dass die Kölner ihren Düsseldorfer Glaubensbrüdern nicht zu Hilfe eilten. Schade. Hätten wir endlich einen Krieg für dieses Buch gehabt.

Es gibt Geschenke, die man lieber ausschlägt. Alte
Burgen zum Beispiel. Die Folgekosten bringen dich
um. „Hauptstadt" ist auch so ein Geschenk. Wowereits
Berlin weiß da ein mürrisches Pleitelied zu singen.
Regierungsnächte sind zwar lang, aber dann, aber
dann. Schnieke, aber teuer, so eine Polizeieskorte!
Weshalb Düsseldorfs erster Nachkriegs-OB, Karl
Arnold (CDU), 1946 den Hauptstadtschlüssel wie eine
heiße Kartoffel zwischen den Händen jonglierte und
dieses Ding am liebsten den Kölnern rübergeworfen
hätte. Denn die Besatzungsbehörden forderten von
der frisch erkorenen Hauptstadt einfach mal an die
tausend Räume für die Landesregierung! Arnold war
aber nicht Raumwart, sondern Regent über tausend
Trümmerberge. Immerhin lag Köln aber unter noch
mehr Trümmern als Düsseldorf, was eigentlich kaum
möglich war. Aber von der imposanten Domstadt
stand fast gar nichts mehr. Zwischen siebenundachtzig
und dreiundneunzig Prozent der Kölner Innenstadt
waren zerstört, was etwa dreißig Millionen Kubikmeter
Schutt bedeutete. Die etwas geringere Zerstörung
Düsseldorfs, u. a. ein funktionierendes Fernmelde-
system, mag für die Besatzungsmacht, die ihre Entscheidung nicht weiter kommentierte, den Ausschlag
gegeben haben. So bleiben nur Mutmaßungen. Fritz
Dross berichtet, dass die Briten bereits im Vorfeld
zahlreiche Kontrollbehörden vor allem für die Eisen-
und Stahlindustrie in Düsseldorf eingerichtet hatten.

Darüber hinaus verfügte Düsseldorf „als Sitz einer Bezirksregierung und als ehemalige Gauhauptstadt über eine verwaltungstechnische Infrastruktur, die der Ernennung zur Landeshauptstadt förderlich war". Die ersten Sitzungen der Landtagsabgeordneten fanden in der notdürftig aufgebauten Oper oder im Festsaal der Henkel-Werke statt. Die Firma Mannesmann konnte überredet werden, der Landesregierung eine erste vorläufige Unterkunft zu gewähren. So improvisiert und bescheiden fing der Souverän an, der heute großflächig verglast in einer zweihundertachtzig Millionen teuren Artusrunde residiert. Längst ist aus der heißen Kartoffel eine goldene Kartoffel geworden. Beim alten Fritz hieß die hässliche Knolle nicht umsonst „Gold der Inkas". Ohne den Status einer Landeshauptstadt hätte Düsseldorf vermutlich nicht das Jahrhundertprojekt Rheinufertunnel mit Rheinuferpromenade finanzieren können. Auch wenn die Stadt reich an Steuereinnahmen ist. Es wird gemunkelt, dass die sensiblen Abgeordneten des Landes nicht länger auf die elend hässliche und laute Rheinuferstraße blicken wollten. Deshalb prüften sie wohlwollend die ehrgeizigen Pläne der Stadt, gaben fünfzig Prozent Landesgelder dazu und blicken heute auf ein kilometerweites Erholungsparadies. Der Tinnitus soll unter den Abgeordneten schlagartig zurückgegangen sein. Und die grüne Flaniermeile zählt zu den wenigen Lärmschutzprojekten, die zum Touristenereignis wurden.

Wohingegen die Kölner der Schlag traf, als sie von der britischen Entscheidung erfuhren. Wer sonst als „Coellen, des Rheines stolze Königin" konnte ein neu gegliedertes Rheinland und Westfalen anführen? Und dann erhält ausgerechnet dieser Parvenü im Norden die Krone. Ja, das hat die Kölner getroffen und zu Protest aufgerufen. Die Besatzer bekamen übrigens satirisch genauso ihr Fett weg. Der durch das Lied „Wir sind die Eingeborenen von Trizonesien" berühmt gewordene Karl Berbuer lästerte als Erster gegen die Engländer und „ihre" dünkelhafte Hauptstadt. In „Au yes Marie" behauptete der beliebte Kölner Krätzjessänger bereits 1945, in Düsseldorf gehe es so vornehm zu, dass selbst der Metzger eine „Wooschexellenz" sei und in den Kneipen „Regierungsflönz" mit „Residenzmostert drop" serviert würde. Seitdem kennt die Kalauerei gegen Düsseldorf zumindest im Karneval keine Geschmacksgrenzen. Die Kölner können ganz schön ungemütlich werden, wenn man ihnen in die Quere kommt. Hohn und Spott aus der Domstadt musste auch kürzlich Essen erdulden, nachdem es gegen Köln zur Kulturhauptstadt 2010 ausgerufen worden war.

Setzt man sich mit dem Klinsch am Rhein auseinander, stellt sich automatisch irgendwann die Frage: Warum eigentlich Düsseldorf? Hätten die Kölner nicht ebenso gut und heftig gegen Bonn wettern können? Schließlich wurde die sogar Bundes- und nicht nur popelige Landeshauptstadt.

In Ordnung. Bonn ist eine der ältesten Städte Deutschlands, teils biedermeierlich behaglich, teils residenziell. Muss Köln sich aber vor gerade mal 318.000 Bönnschquasselern bange machen lassen? Ein absurder Gedanke. Zumal der Status einer Residenzstadt den Kölnern zu verdanken ist. Hätten die Patrizier 1288 den Erzbischof nicht aus ihrer Stadt geworfen, Bonn hätte jetzt nicht dieses schöne Schloss mit dem Hofgarten, Residenz der Kölner Kurfürsten. Sollen also die Kölner auf etwas neidisch sein, was eh schon den Namen Köln trägt? Bei aller eventueller Missstimmung machten die Kölner mit den in Bonn residierenden Bischöfen oft genug gemeinsame Sache. Pack schlägt sich, Pack verträgt sich. Köln und Bonn, das ist eine Mischpoke, würden unsere jüdischen Freunde sagen. Übrigens auch Köln und Neuss. Der neue OB Jürgen Roters (SPD) nannte bei seinem Antrittsbesuch Neuss die „treue kleine Schwester Kölns".

Komisch, Historiker meinen immer noch, dass der Streit zwischen Köln und Düsseldorf überhaupt keinen konfessionellen Hintergrund hat. Dabei sprangen die Düsseldorfer Herrscher gerne mal aus der Reihe, während Bonn, Köln und Neuss stets stramm auf erzkatholischem Kurs waren. Humanistisches Gedankengut fand in der Residenzstadt zumindest Gehör. 1527 reiste der Kölner Domprediger Johann Heller nach Düsseldorf, um mit dem evangelischen Hofprediger Friedrich Mecum über theologische Fragen zu disputieren. Der Sachse Mecum durfte sogar in der Schlosskapelle predigen. Zu dieser Zeit wurden Protestanten in Köln öffentlich verbrannt. Das erste große Gymnasium in Düsseldorf, von fast dreitausend Schülern besucht und hoch angesehen, wurde von Kölner Theologen beim Papst angeschwärzt. Angeblich entsprach der Katechismus, der in Düsseldorf gelehrt wurde, nicht dem Dogma. Auch hier eine Konkurrenzsituation. (Die reformerischen Ansätze des Schulleiters Johannes von Monheim verblassten mit seinem Tod 1564.) Dann das seit der Renaissance bestehende „Toleranzedikt", die protestantischen Hinterhofkirchen in der Altstadt seit der Barockzeit. Das alles macht Düsseldorf für seine römisch-katholischen Nachbarn fremd, ja abartig. Das sind die Schäl, die aus der Art fallen.

Und es ist ein Schäl, der den Kölnern zur Medienstadt verhilft und damit den Schmerz, den die Briten verursacht haben, ein wenig lindert. Karl Arnold heißt er, der Mann, der als Oberbürgermeister von Düsseldorf so skeptisch auf den Titel Landeshauptstadt reagiert hatte. 1954 ist der bekennende Katholik Ministerpräsident des Landes und voller Barmherzigkeit für die Stadt Köln, zumal Arnold ein politischer Weggefährte Konrad Adenauers ist. Beide sind sie Mitbegründer der CDU, Köln-Düsseldorfer Allianz. Der Westdeutsche Rundfunk kommt auf Beschluss der Landesregierung in die Domstadt (sein Vorläufer war schon in der Weimarer Zeit hier zu Hause). Seitdem kennen selbst Detmolder das Willy-Millowitsch-Theater, Trude Herr, den Kölner Karneval, Köln Rock und Jürgen Becker. Der *WDR* entwickelt sich schnell zum Promotor des kölschen Frohsinns. Eigentlich müsste die Medienstadt dem Wahl-Düsseldorfer ein Denkmal setzen. Oder wenigstens einen kölschen Strauß auf dem Südfriedhof hinterlegen mit einem Gruß dabei: „Dem braven Mann, der für Köln in die Bresche sprang."

Kein Standesdünkel wie nördlich am Rhein

Schon der Altstadtjunge Harry Heine empfand es als großen Vorteil, von seinem Vater „an eine gute Aussprache des Deutschen gewöhnt" worden zu sein, „während in unserer Stadt selbst jenes fatale Kauderwelsch des Niederrheins gesprochen wird, das zu Düsseldorf noch einigermaßen erträglich, aber in dem nachbarlichen Köln wahrhaft ekelhaft wird. Köln ist das Toscana einer klassisch schlechten Aussprache des Deutschen, und Köbes klüngelt mit Marizzebill in einer Mundart, die wie faule Eier klingt, fast riecht." Da dürfen sich die Düsseldorfer nicht wundern, wenn aus der sonst so herzigen Domstadt kräftig zurückgekeilt wird. Hochdeutsch sprechende Menschen können eigentlich gar nicht liebenswert sein, denkt sich der Kölner. „Kener mag se", behauptet ein User auf einer Internetplattform. Setzt dann aber den widersprüchlichen Satz hinzu: „Im Urlaub sind se janz nett." Es ist also wohl eher die Vorstellung von dieser Stadt, die den Kölner so „krabitzisch" macht.

Ein junger Mann formuliert selbstbewusst, Kölner hätten „keinen Standesdünkel wie nördlich am Rhein". Da würden die alten Düsseldorfer aber mächtig protestieren. Die quäken nämlich noch heute in ihren Brauchtumsvereinen dieses Kauderwelsch und tun für ihr „Läwen jern däm Herrjott de Kapp obsetze", also in die Kneipe gehen. Nur haben die Ureinwohner Anfang des 19. Jahrhunderts das Zepter an die Fremden abgegeben. Warum auch immer. In Köln, so Kajo Trottmann, „ist selbst das Patriziat in der Karnevalsschicht mit dabei. Wer da was werden wollte, assimilierte sich." Düsseldorf kennt diesen Integrationszwang nicht. Jeder macht seins. Multikulti schon damals, aber nebeneinanderher. Für einen Kölner unverständlich. Die Fremden bestimmen das Düsseldorfer Klima, die höher gebildeten preußischen Beamten, die Kunstprofessoren, die Industriellen mit ihrem Tross von Spezialisten. Das katholische Düsseldorf ertrug auch eine intensive Zuwanderung von meist evangelischen Handwerkern aus den näheren Mittelgebirgen, wie Trottmann es nennt. Das alles führte zu Umgangsformen, die dem Rheinländer eher fremd sind. In manchen Kreisen hieß es plötzlich: „Das tut man nicht." Es gab Neudüsseldorfer, die es vorzogen, allein an einem Tisch zu sitzen. Machten da so eine Oldenburger Nummer. Verhaltensweisen, die in der Altstadt selten blieben, weil dort die Ureinwohner noch das Sagen hatten. Da konnte es aber auch passieren, dass ein Fremder hinauskomplimentiert wurde, so soll es sich zumindest laut Kabarettist und Autor Theo Lücker im Lokal *En de Wichsdos* hin und wieder zugetragen haben. „Jong, jank no Huus, du häs jenoch gedronke." Und wenn de Jong partout weitersaufen wollte: „Kähl, du stenks, du nemms ons he de Lof weg!" Hoppla, ist das die rheinische Toleranz, auf die wir so stolz sind? Auch in Köln kann es passieren, „dat de blitzschnell de Dumme bis", so erzählt es ein Kölner in besagtem obigem Forum. Vielleicht ist die Weltoffenheit des Rheinländers doch nur eine Legende?

Diese so hinreißend schwadronierenden und schlag-
fertigen Altdüsseldorfer zählen mit Beginn der Industrialisierung in der Mehrheit zur unteren Mittelschicht oder gar zur Unterschicht. Während Jan
Wellem noch Düsseldorfer Platt sprach, verkommt
die Mundart nun zur Sprache der einfachen Leute.
Die Zugezogenen beherrschen den Düsseldorfer Dialekt nicht, sie bevorzugen Hochdeutsch oder das, was
sie dafür halten. Spätestens seit dieser Zeit gilt in Köln
der Düsseldorfer als eingebildeter Pinkel. Unbewusst
unterstellen Kölner dabei dem nördlichen Nachbarn
eine hochmütige Haltung gegenüber ihrem Dialekt,
denn sie wissen schon, dass er „derb, unverblümt, ja,
oft ordinär" ist. Der Autor dieses Zitats, Jupp Färver,
tippt in seinem Büchlein über Kölner Schimpfwörter
genau den Punkt an, der zu den Ressentiments gegenüber Düsseldorf führt: „Der kölsche Dialekt ist auch
immer eine Volkssprache gewesen, die keine sozialen
Schranken kannte. Noch bis in dieses Jahrhundert
hinein sprach man Kölsch selbstverständlicherweise
sowohl in der Familie des Bürgermeisters wie in der
des Kohlenhändlers." Wer also in Köln hochdeutsch
spricht, steht erst mal unter dem Generalverdacht, sich
für was Besseres zu halten. So 'ne Futzemann eben.

In der Regel scheren sich Düsseldorfer wenig um die
Kritik von außen. Das mag arrogant wirken, liegt aber
vor allem daran, dass sich der Lokalpatriotismus in
Grenzen hält. Was durchaus Vorteile hat. Der Fußball-
spieler Klaus Allofs, gebürtiger Düsseldorfer, durfte
beim Erzrivalen, den Geißböcken, unterschreiben,
ohne um sein Leben fürchten zu müssen. In Düssel-

dorf ist es normal, Freunde ziehen zu lassen, wenn die Knete stimmt. Die Stadt ist ein Durchlauferhitzer, kein Nest. Umgekehrt: Podolski in Düsseldorf? Der Dom würde einstürzen. *BAP* wurde ja schon angefeindet, weil die Band die Plattenfirma wechselte und von der Südstadtpresse Eigelstein zum Major-Label EMI-Electrola ging. Köln, das kleine Gallierdorf.

Gegen so viel Gemütlichkeit hilft nur Düsseldorfer Elektrokraut. *Kraftwerk* zelebriert sich emotionslos und in schwarzen Klamotten. Das Herz ist eine Maschine. Gegen Kölner Schunkellieder setzt die Band *Neu* einen körperlosen, fast schon metallischen Klang. Keine Anbiederung an das Publikum. Ein Fan dieses Düsseldorfer Techno-Sounds war David Bowie. Er hatte für Florian Schneider von *Kraftwerk* einen Song geschrieben: *V-2 Schneider*. Nun wollte Bowie eine intensivere Zusammenarbeit. Doch er blitzte ab. Der englische Weltstar verstand die Welt nicht mehr. Traurig fuhr er in seinem Rolls-Royce nach Berlin zurück. Manchmal können Düsseldorfer doch ganz schön arrogant sein.

Kurzer Ausflug in die Mundart

(von Clemes-Peter Bösken)

Düsseldorf und Köln gehören gleichermaßen zum rheinischen, westfränkischen Sprachraum, wobei die mundartlichen Bereiche früher mehr und heute weniger voneinander vor allem abgegrenzt sind durch die im Düsseldorfer Süden verlaufende Benrather Linie. In Richtung Köln und Bonn herrscht die ripuarische

Sprechweise, abgeleitet von lat. ripa = das Ufer. (Ripuarischen Anklang hat – gewollt oder nicht – der Titel des Romans von Heinrich Böll *Frauen vor Flusslandschaften*.) Nördlich von Düsseldorf findet sich die Uerdinger Linie, von wo aus die niederfränkische Sprachzone übergeht ins Brabantisch-Niederländische und das Maas-Fränkische. Innerhalb der beiden Städte Düsseldorf und Köln existieren darüber hinaus lokale Ausprägungen, so zum Beispiel das Hötter Platt in Düsseldorf-Gerresheim, wo sich viele baltische Arbeitskräfte der Düsseldorfer Glashütte niedergelassen hatten.

Liegt Düsseldorf also nach Norden im Niederfränkischen und nach Süden zum Mittelfränkischen hin, so hat Köln eine zentrale Position im Ripuarischen. Unter anderem deswegen ist Köln auch dialektstabiler als Düsseldorf. Ein schwächender Faktor bei Düsseldorf ist der schon vor etwa zweihundert Jahren einsetzende Zuzug von Menschen aus industriell und protestantisch geprägten Regionen in das katholische Rheinland.

Mit der Zeit haben die teilweise zurückweichenden Düsseldorfer Dialekte Elemente des Kölnischen angenommen. Im Ergebnis haben sich zunehmend mundartliche Gemeinsamkeiten eingestellt. So sehr sich die Biere der jeweiligen Hausbrauereien farblich und säuremäßig unterscheiden, so wenige Unterschiede gibt es bei deren Ausschank. In beiden Städten nennt sich der Kellner *Köbes* (vermutlich von Jakob) und der Mann am Bierfass *Zappes* (korrekte Bezeichnungen für weibliches Personal gibt es – noch! – nicht. Wie auch? Vielleicht dat Jakoba? *Dat Zappes?* In Düsseldorf *dat Fräuke* und in Köln *dat Fräuche*?) In beiden Orten heißt auch der schlappe Imbiss aus einer deftig schmeckenden und riechenden Käsescheibe auf einer Brötchenhälfte *Halve Hahn*. Gut, hier ist es Mainzer, dort Gauda. So wie die Zwiebel hier *Ölk,* dort *Öllich* heißt. Aber bei der Blutwurst sind sich alle wieder einig: *Flöns.*

Mädchen und Frauen haben stets den neutralen Artikel *dat* oder *et*. Wie oben gesehen, sind die Verkleinerungen oder Verniedlichungen in Düsseldorf und nördlicher davon mit der Endung *-ke* und ab Köln nach Süden mit *-che*. So ist zum Beispiel der Reibekuchen in Düsseldorf der *Riefkoke* und in Köln der *Riefkooche.* Die Benrather Linie markiert die Grenze zwischen *maken* im Norden und *machen* im Süden. Das *t* ist von Düsseldorf weiter nach Norden/Nordwesten gezogen. Auch in Düsseldorf heißt die Zeit nicht mehr *Tiit,* sondern *Ziet* (in Köln *Ziet* oder *Zick*).

Beide Dialekte vermeiden fast vollständig den Imperfekt. Wie auch bei den Franzosen sind bei den Rheinländern umgangssprachlich Perfekt und Plusquamperfekt dominant. Rheinländer schrecken hier aber vor Ausnahmen keineswegs zurück, vor allem nicht, wenn es um die Kunst geht, den höheren kulturellen Wert der Lyrik und des Liedgutes. Beim Dialekt siegt der versmäßige Wohlklang über die mundartliche Formstrenge. Der Heimatverein *Düsseldorfer Jonges* – so genannt, weil jeder mal jung war – zeigt in seinem Düsseldorwer-Jonges-Lied, dass sich die Reimform mit Macht durchsetzt. In deren Lied heißt es: … *wo ich min Heimat fong,* weiter … *wo ich mi Leedche song* und dann auch noch … *wo ich op ihr Schößke sprong* (gemeint ist der Schoß der Mutter als bevorzugtem Sitzplatz des Kleinkindes).

Wollte man im Perfekt reimen, dürfte der Verein nicht Düsseldorfer Jonges, sondern Düsseldorfer Männer heißen. Dann nämlich gäbe es den Reim auf den Düsseldorfer Mann: *Wo ich mi Leedche jesunge han.*

In beiden Sprachbereichen und überhaupt am Niederrhein ist die rheinische Verlaufsform gebräuchlich. Dort heißt es im Dialekt nicht etwa *Da dachte ich noch* oder *Da habe ich gedacht,* sondern *Da wor ich bei mich am denke* oder noch „platter" *Da han ich för mich simmeliert.* Sehr viel häufiger als im Hochdeutschen verwendet man reflexive Verben: *Ich han mich jet jedrunke* und *Ich wor mich jet am esse* (auch *müffele*).

Auf Düsseldorfer Platt und auch in Köln wird nicht gesiezt. Die korrekte Form der Anrede erfolgt in der zweiten Person Plural und nicht in der dritten. Die Frage, ob Sie etwas kritisieren möchten, lautete übersetzt: *Hat Ihr jet daran ze meckere?*

Ungebräuchlich ist der Genetiv. Von alters her ist im Rheinland der Dativ dem Genetiv sein Tod, wie es bei Sebastian Sick heißt. Beispielhaft führt Heinrich Spohr in seinem Werk *Das Düsseldorfer Rheinisch gesprochen-geschrieben* entsprechende Wendungen vor, in denen *wessen* ersetzt ist durch: *Wem si Kengk ist dat Marieke?* oder *Wem ess dat Marieke zo?*

In Köln müsste dat *Marieke et Marieche* sein. Überhaupt sind die Düsseldorfer Kinder *Kenger,* die mit Leidenschaft Rad schlagen und für ihre sportliche Darbie-
tung *eene Penning* erbitten, mit Tendenz zu einem Euro.

Stärker als in Köln wurde Düsseldorf in seiner fort-
dauernden, ständigen Position als Hauptstadt – so
auch bei der französischen Besetzung (der von Napoleon eingesetzte Herzog des Großherzogtums Berg saß
von 1806 bis 1808 im Düsseldorfer Schloss Benrath) –
sprachlich beeinflusst vom Französischen. Selten
geworden ist der *Bäselemanes,* von frz. *Baisez la main,*
also derjenige, der Damen mit Handkuss begrüßt. Der
Ausdruck ist aber im Lauf der Zeit zweideutig geworden und hat jetzt in erster Linie die Bedeutung des
Föttchesföhlers, also desjenigen, der Damen an den Po
fasst. Weiter verbreitet sind die *Fisimatenten* für unge-
zogenes, unnützes und labiles Verhalten. Eine schöne
Geschichte, wenn auch historisch nicht haltbar, sieht
den Ursprung in der Aufforderung französischer Soldaten: *Visitez ma tente,* also etwa: Kommen Sie in
mein Zelt. Besorgte Düsseldorfer Eltern sollen ihre
Töchter vor diesen Verführungen, sprich *Fisimatenten*
gewarnt haben. (Tatsächlich ist das Wort viel älter.)
Gebräuchlich ist aus dieser Zeit auch noch die *Räte
matäng,* womit die vom Ratinger Tor ausgehende
Ratinger Straße gemeint ist. Die Herkunft des Wortes
ist umstritten. Vermutlich kommt es vom französischen Zapfenstreich: Beim *Retraite du matin* hatten
die Garnisonsangehörigen die Wirtshäuser zu verlassen und den morgendlichen Heimweg in den Dienst
anzutreten.

Bei allen verbliebenen und wieder auflebenden Dialektunterschieden in beiden Städten werden die sprachlichen Charakteristika von Menschen aus anderen Teilen Deutschlands wohl kaum wahrgenommen. Die Leute von außerhalb erleben das Rheinland ein bisschen wie Tolkiens Auenland, vor allem die ungezwungene Feierlaune und die Lockerheit, Fremde in „platte" Gespräche einzubeziehen.

❻ Wo bitte geht es nach Düsseldorf?

Kölner können zu Düsseldorfern auch nett sein. Zumindest schriftlich. Der ehemalige OB Fritz Schramma bot in einem kleinen Gastbeitrag des DJournals an, „die Brücken zwischen Köln und Düsseldorf weiter zu stärken". Wieso stärken? Will er Panzer drüberfahren lassen? Oder sind die Brücken so marode – Kölsche Wisch halt –, dass man darauf höchstens Agenten austauschen kann? Das Zweite scheint der Fall zu sein. Denn obwohl Schramma das Bild der Brücke wie eine Sprechmaschine beschwört, traut er sich nicht hinüberzugehen. Als der damalige Düsseldorfer OB Joachim Erwin anbot, sich gemeinsam als Kulturhauptstadt bei der Europäischen Union zu bewerben, wollte Schramma von der Brücke über den Rhein nichts wissen. Jetzt, als Privatier, gefällt er sich als Schäfer, der die Schalmei spielt: „Zur Zukunft Köln gehört notwendig auch die Partnerschaft mit Düsseldorf." Kaum ist der Ton abgeschaltet, mosert Schramma: „Wegweiser nach Düsseldorf hat übrigens auch noch niemand vermisst." Ungefähr so kommentierte er Erwins Vorstoß, die Autobahnbeschilderung etwas Düsseldorf-freundlicher zu gestalten. So bleibt dem Düsseldorfer nur die Übung in Gelassenheit, der anmutigen Form des Selbstbewusstseins. Und mit Heine die Erkenntnis, dass er wohl keine Schalmeien vernommen hat. „Nur den Sauhirt seh ich kommen, heimwärts treibt er seine Säue."

Der Baas der *Alden Düsseldorfer Bürgergesellschaft,* Heinrich Spohr, will sich aber weder von Heinrich Heine noch von Fritz Schramma entmutigen lassen. Er hat trotzig angekündigt, dass die Leute mehr Kenntnis von Düsseldorf nehmen sollen. Aus diesem Grunde will die Bürgergesellschaft die Autobahnbeschilderung modifizieren. Als Beispiel gibt sie an, dass in Basel zwar Oberhausen auf dem Autobahnschild stehe, aber nicht Düsseldorf. Mutig macht Spohr gleich noch ein zweites Fass auf. Er fordert, dass Düsseldorf Platz auf der *ARD*-Wetterkarte finden sollte. Na gut, Don Quichotte hat sich auch nicht mit einer Windmühle zufriedengegeben. Und eine besonders prachtvolle ist der *WDR*. Dorthin könnte Spohr seine Rosinante auch noch hinwenden und mit der Lanze eine längere Sendezeit für den Düsseldorfer Rosenmontagszugs durchsetzen.

▶ *Onger ons jesaht: Wat soll denn dä Kwatsch?*

*Em öwerall bekannde Rheinesche Jrondjesetz heeß
et eso schön: Et es, wie et es! Dann lösst mr äwe
alles beem Alde. Et heeß äwer och: Wat soll dä
Kwatsch? On dann hät mr de Nas voll on moss
wat donn. De Nas voll hät jetz ons Heematvereen
„Alde Düsseldorfer" on frocht sech: Wat soll dat? Jede
Owend, wemmer sech en de Jlotzkest de Wäderkaht
am bekicke es, kammer prima von jedem Bondes-
land de Metropol läse. Doch wat deht do rotzfresch
för NRW stonn? KÖLLE! Ech jlöw et eenfach nit. Nu
wolle de „Alde Düsseldorfer" bei de ARD emol aan-
kloppe, öm denne usenangerzoklamüsere, dat Kölle,
och wenn et ene Dom hät, janit de NRW-Metropol
es. Do moss mr doch emol däm Haupsmakadores op
de Chefetasch von dr ARD op de Spröng helpe,
domet dä noch emol sin Huusopjawe rechtech mäkt.*

*Deht mr öwer de Autobahn jöcke, hät mr sech jo
als draan jewönnt, dat mr nerjenswo op so'nem
blaue Scheld dat Wohd Düsseldorf fenge kann, doför
wöhd dech äwer schonn henge wiet bei de Bajuwa-
re bröhwärm jesaht, wo et noh Kölle jeht. Äwer jede
Owend op de Wäderkaht well ech dat Wohd nimieh
läse mösse. Wat soll denn dä Kwatsch? Do moss
Düsseldorf för NRW stonn, söns mak ech de Jlotzkest
us, on de ARD kann mech jeklaut bliewe!*

Monika Voss (Rheinische Post, 21. Mai 2009)

▲

FÜNF WOHLFEILE
VORURTEILE

>> *Ach! Ach, ja. Kenn' ich, kenn' ich. Das oberflächliche Düsseldorf, umgeben von menschlichen Nachbarorten, wo das Ideelle den höchsten Stellenwert hat. Köln zum Beispiel, diese Stadt der Weihwasserfrösche und Pilatebützer. Die einzigen kulturellen Glanzgestalten sind dort momentan Jürgen Becker und der Kardinal Meißner. Oder Neuss, wo die Leute alle in Schützenvereinen organisiert sind und kreuzbrav mit Holzgewehren exerzieren. Oder unser kerniges Ruhrgebiet, dem weltweit einzigen Flachland mit Bergschäden. Kann ich nich' mehr hören, das Geschwallere über Düsseldorf. Sonntags kommen sie alle zu uns auf die Königsallee, geschmückt wie die Pfingstochsen und die Zuchtperlhühner. Dann entdecken sie da welche, die genauso aufgedonnert sind, und durchschauen leider nicht, dass die auch aus Köln-Bilderstöckchen kommen.* <<

Kriminalkommissar Gerd Terwort im Kriminalroman *Zünder und Gerechte* von Clemens-Peter Bösken

❶ Der Kölner klüngelt

Wenn die Düsseldorfer mehr Tradition hätten, würden sie auch klüngeln, behaupten böse Zungen. Womit sie einerseits recht haben, weil das Bedürfnis nach Mauschelei menschlich ist. *Corriger la fortune* nennt dieses Verhalten der Franzose. Keiner kann etwas gegen Vitamine haben. Hände müssen gewaschen werden, notfalls auch die eigenen. Nur Verrückte springen ohne Netzwerk. „Mer kennt sich, mer hilft sich." Der Satz wird Konrad Adenauer zugesprochen, der von 1917 bis 1933 Oberbürgermeister in Köln war und gerne seine Hände in Unschuld wusch.

Aber Düsseldorf tickt anders – zum Leidwesen mancher Düsseldorfer, die gerne geklüngelt hätten. Die Fremden sind schuld. Sie haben in Düsseldorf die Hosen an und scheren sich einen Dreck um regionale Familienfehden und Geldinteressen. Zum einen sind es die Landesherren, die fast immer von außen kamen. Sie holten sich für die wichtigsten Positionen Mitarbeiter aus ihrem Umfeld. Kaum ist ein unsichtbares Netz mit Vettern und Vätern gezogen, da kommt ein Hofrat aus Hannover oder München daher und zerreißt boshaft mit seinem Regierungsstöckchen das zarte Mauschelgewebe. Über Jahrhunderte wurde Düsseldorf von Spielverderbern regiert. Selbst wohlsituierte Familien konnten kaum mitgestalten. Sie teilten sich die kleine Macht im Stadtrat stets mit auswärtigen Verwaltungsbeamten. Zum anderen war Düsseldorf seit Jahrhunderten eine Einwanderungsstadt. Nicht zuletzt die Abmachung des Xantener Vertrags, die Wolfgang Wilhelm (1578–1653) verpflichtete, den Protestanten Bürgerrechte zuzugestehen, brachte frischen Wind in die alten Residenzschläuche. Wohingegen die katholischen Frohnaturen aus Köln Jahrhunderte unter sich blieben und ungestört ihre Schäfchen ins Trockene schafften.

Dieses Idyll wurde nur einmal getrübt, als nämlich Köln zu Preußen gehörte. Da saß plötzlich so 'ne enjebilte Penn in der Stadtverwaltung und reagierte unempfindlich auf Sonderwünsche. Nicht mal Geld ließ ihn erbarmen, diesen Stinkstivvel. Bei den Preußen galt sogar die unerhörte Regel, dass niemals Vater und Sohn gleichzeitig ein Amt im Rat bekleiden durften. Seit dieser Zeit können die Kölner wenigstens nachempfinden, in welchem Elend die Düsseldorfer bis heute leben.

Dem Düsseldorfer Immobilienhändler Lutz Aengevelt fällt zu Köln bezeichnenderweise eine Studie ein, die er als Student bei dem bekannten Soziologen Erwin Scheuch zum Thema Klüngel machen musste. Scheuch forderte damals seine Kölner Studenten auf, die Bevölkerungsstruktur verschiedener Großstädte zu untersuchen. Unter anderem die Mischung zwischen Einheimischen und Zugezogenen. Das Ergebnis war frappierend: Die Domstadt setzt sich aus zwei Dritteln Ureinwohnern und einem Drittel Fremden zusammen, in Düsseldorf ist das Verhältnis nahezu umgekehrt. Klar, dass sich unter lauter Bekannten gut klüngeln lässt. Der Fremde muss erst eingeordnet werden.

Heimkehrer Prinz Poldi zeigt uns, dass der Kölner noch heute gern zu Hause hinter dem Ofen sitzt. Trainer Jupp Heynckes wollte es nicht fassen, aber Lukas Podolski hatte Heimweh. „Köln, dat is en Jeföhl, Trainer!", hatte er 2009 dem Mönchengladbacher erklärt. Köln ist ein warmes Nest, Düsseldorf ein Durchlauferhitzer. Die Gemütlichkeit der Brauhäuser trügt. In dieser Stadt ist ein Kommen und Gehen. Weshalb Netzwerke und Seilschaften ein schnelles Verfallsdatum haben. Der Kunstkritiker Bertram Müller merkt erstaunt an, dass kein in Düsseldorf groß gewordener Künstler in dieser Stadt eine repräsentative Ausstellung bekam. Für meinen Geschmack dürfte da schon ein wenig mehr Lokalpatriotismus gewagt werden. Aber ein Durchlauferhitzer hortet das heiße Wasser nicht, sondern gibt es nach draußen ab. Weshalb viele Arrivierte ihre Karrieren in dieser Stadt begannen oder wie Satelliten Düsseldorf für neuen Schwung ins All nutzen.

Die Kölner Geschichte ist reich an Klüngel- und Kungelanekdoten. Bereits 1655 gab es massive Klagen wegen Amtsmissbrauch, Korruption sowie Unterschlagung öffentlicher Gelder. In der Altstadt gibt es gar einen Platz, der einem Kämpfer wider den Klüngel, dem Nikolaus Gülich, gewidmet ist. Der Kölner Oberbürgermeister Konrad Adenauer ließ sich 1923 von der Stadtkasse aushelfen, um Aktien der Rheinbraun AG zu erwerben. Den Sitz im Aufsichtsrat der Deutschen Bank nutzte der OB für Insidergeschäfte. Würde heute kein Politiker überleben. Meine Güte, was sind wir protestantisch pingelig geworden.

Nach dem Zweiten Weltkrieg kungelten die Kölner Stadtväter fröhlich weiter. Hurra, wir leben noch! Unqualifizierte Schwachmatikusse erhielten hoch dotierte Posten bei den stadtnahen Gesellschaften. Ein Psychiater wurde Aufsichtsratvorsitzender des Köln-Bonner Flughafens. In Erinnerung sind noch der Skandal um die Müllverbrennungsanlage und der damit verbundene Spendenskandal, der damals der SPD die Mehrheit kostete. Der Müllunternehmer Helmut Trienekens wurde pikanterweise von einem Düsseldorfer Rechtsanwalt „rausgehauen". „Mer kennt sich, mer hilft sich" mal anders. Der Neubau der Kölner Messegesellschaft beschäftigte gar den Europäischen Gerichtshof. Eine dreistellige Millionenstrafe droht nun der Stadt Köln. Und was machten die Vertreter von CDU und FDP? Sie wählten Persönlichkeiten, denen Verwicklungen in das umstrittene Messegeschäft nachgesagt werden, in den Aufsichtsrat der Messe. Also das hat ja schon was von einer Wahrnehmungs- und Informationsverarbeitungsstörung. Fast möchte man da nach dem Arzt rufen.

Wer preußische Korrektheit fordert, gilt in Köln schnell als Pellendresser oder Korinthenkacker. Zur Ehrenrettung kann Düsseldorf immerhin die Pooth-Affäre vorweisen. Die Szenen um den prunksüchtigen Franjo und die gutgläubigen Banker Humme und Stiegemann zeigen immerhin, dass auch in Düsseldorf Vetternwirtschaft möglich ist. Aber ob für einen Oberbürgermeister die familiäre Nähe zur Bauindustrie brisant ist, sollen andere klären. Böse Zungen behaupten, dass Joachim Erwin eine Kölner Erfindung war, um aller Welt endlich vor Augen führen zu können, wie unlustig die Düsseldorfer sind. Wenn dem so ist, dann ging der Schuss mächtig nach hinten los. Denn unter dem kölschen Prometheus wurde die Stadt noch exorbitanter. So wird auch verständlich, warum die Kölner glauben, Düsseldorf sei die „achte Jeißel" in der Büchse der Pandora, noch schlimmer als Pest und Diarrhoe.

▸▸ *Die Kö ist unser Kölner Dom, denn was den Leuten außerhalb sofort zu Düsseldorf einfällt, ist die Kö.* ◂◂
Joachim Erwin, ehemaliger Oberbürgermeister von Düsseldorf

❷ Der Düsseldorfer zählt das Geld

Klingt nach „Geiz ist geil". Der Düsseldorfer ist aber
kein Sparfuchs. Im Gegenteil. Er zählt nicht, er wirft
das Geld gleich zum Fenster raus. Der König ist tot, es
lebe der Schuldenkönig! Zwölf Prozent der Düsseldorfer Haushalte sind überschuldet. Vergleichbare Großstädte liegen bei neun Prozent, was auch nicht wenig
ist. Rainer Bovelet, Verfasser des SchuldnerAtlas 2009,
macht das verführerische Konsumklima der Stadt
mitverantwortlich. „Düsseldorf ist eine große Bühne
für diejenigen, die nicht wissen, wohin mit ihrem
Geld und selbst dabei oft über ihre Verhältnisse
leben." Eine Traumregion für Konsumkredite; die
Banken wissen das. Die Platanen an der Rheinpromenade hängen voller italienischer und nordhessischer
Würste. Der Kies ist aus feinstem holländischem
Brokkelkaas. Die Kö gepflastert mit Marmorkuchen.
Popkünstler Andy Warhol, der die Stadt von Beuys
und Charles Wilp oft besuchte, ließ jeden wissen, dass
es geil sei, viel Geld zu verdienen und für schöne
Dinge wieder auszugeben. Eine zumindest in
Deutschland ziemlich verpönte Auffassung. Ein bisschen könnte das aber ein Lebensmotto für Düsseldorf
sein. Sie ist eine Stadt des Pop. Was vermutlich bereits
in den frühen Jahren des 20. Jahrhunderts den Schrift-
steller Herbert Eulenberg dazu bewog, seine Heimatstadt als „amerikanischste von unseren Städten" zu
bezeichnen. Der französische Journalist Jules Huret
staunt 1907 über die Düsseldorfer Cafés: „Hier spielen

bis drei oder vier Uhr morgens Zigeunerkapellen; hier sitzen schöne, glutäugige Italienerinnen im National- kostüm, zupfen an ihren Mandolinen oder Guitarren und erheitern die schweigsamen Gäste durch ihr son- niges Lächeln." Aus der Beschreibung liest sich heraus, dass keine Kölner darunter waren – die hätten Lärm gemacht. Aber auch kaum alte Düsseldorfer, die hock- ten eher *En de Wichsdos* oder im *Uerige*. Auch gehör- ten sie längst zu den gefährdeten Arten. In Düsseldorf leben und arbeiten zu Jules Hurets Zeit fast sechzig Prozent Neubürger und nur die Hälfte der Zugewan- derten kam, laut Fritz Dross, aus dem rheinisch-west- fälischen Umland. Ganz im Gegensatz zu Köln bestimmen die Fremden den Blues dieser Stadt. Weshalb die Neuen auch nicht Immis heißen. Denn die Alteingesessenen haben nichts mehr zu sagen. Nicht Kleinparis passt zu Düsseldorf, sondern Daw- son City. Nicht umsonst fließt der Rhein bei Oberkas- sel so groß und träge wie der Yukon. Hier herrscht Goldrauschstimmung. Es lässt sich gutes Geld verdie- nen in dieser Stadt der Fabriken, mächtigen Verbände, Banken und überörtlichen Verwaltungen. Auch für die Künstler ist was zu holen, „deren erfolgreichere die Millionäre mit dem von diesen für nötig erachteten Glamour umgaben, deren weniger erfolgreiche mit ihren Kapellen in Kneipen und Variétes auch die ein- fache Bevölkerung am Wochenende unterhielten". So zu lesen bei Fritz Dross. Der ausufernde Hedonismus kam mit den Leistungseliten nach Düsseldorf. Die Wirtschaftsauskunftei Neuss nennt die unglaubliche Zahl von zwanzig Prozent gut ausgebildeter, unkon- ventioneller, überdurchschnittlich bezahlter Arbeitnehmer, die sich in der Landeshauptstadt tummeln. So eine Massierung prägt das Stadtbild, zumal diese Leute ungern zu Hause bleiben. Der Bundesdurchschnitt dieses Milieu-Typs liegt bei zehn Prozent. Sie haben das Lebensmotto: Erlaubt ist, was gefällt. Jeder kann sich neu erfinden. Es gibt keine Schranken, weder die durch Stand noch die durch regionale Eigenarten. In Abwandlung von Josef Beuys könnte man auch sagen: Jeder ist ein Straßenkünstler. In Düsseldorf aber bitte mit Sahne, also hau raus den Reichtum. Das ist zugegeben nicht hanseatisch. Obwohl – Düsseldorfer Hanseaten gibt es auch, die ganz reichen Alt-Reichen: Versteckt hocken sie auf dem Ludenberg oder im Höseler Wald, spenden mal hier, mäzenieren mal da und überlassen den Boulevard ganz den Tänzern auf dem Rhein. Und diese Düssel-Hanseaten zählen wirklich das Geld, weil sie für Nachhaltigkeit sind. Die meint der Kölner aber nicht. Von diesen diskreten Reichen hat er ja selbst genug. Da er die aber nicht kennt, schießt er sich auf Augenhöhe ein und trifft auf Party-Menschen und Aufschneider. Also quasi das Prekariat. Die hängen in Düsseldorf ganz böse in der Schuldenfalle, weil sie mittanzen wollen, arme Möchtegerne. Überziehen den Dispo für Partys, Konzerte, Szene-Lokale und Disco. Spaßleute, höchstens dreißig. Und dann ist da der untere Mittelstand. Hat im Düsseldorfer Express (der übrigens aus Köln kommt) auf den Szeneseiten gelesen, was „stylisch" ist und will da unbedingt mitstylen. Bei den Schlonzen in Köln würde das nicht passieren. Da würden sie im *Express* lesen, dass – Alaaf! – Prinz Poldi zurückgekehrt ist, und müssten kräftig Kölsch trinken und

Kölsch lernen, um dazuzugehören. Und das würde mindestens hundert Jahre dauern, weil der Kölner eigentlich ein Römer ist. Und bei den Römern gab es das Gesetz, dass du sieben Generationen in der Stadt gewohnt haben musstest, bis du endlich ein echter Römer warst.

Deswegen strampeln sie ja so, die Immis.

Köln hätte deshalb auch niemals die IGEDO verkraftet. Wer sich modisch kleidet, beansprucht, zu einer Elite zu gehören. Kölner reagieren allergisch auf alles Elitäre. Die Düsseldorfer haben da weniger Probleme. „Super-sexy-mini-flower-Pop-op-Cola" titelte der legendäre Werbefotograf Charles Wilp in den Sechzigern. Er verstand sich mit seinen gezielten Tabubrüchen in der Werbung durchaus als Künstler. Kein Wunder, dass ihn Pop-Ikone und Perückenträger Andy Warhol regelmäßig im Atelier besuchte.

Mit einem eindimensionalen Menschenbild kommst du nicht weit. Es gibt eine Menge Affen, die gerne schön tun. Und es gibt Soziopathen, die so abgehoben sind, dass sie sich cleverer als der Heilige Geist fühlen. Düsseldorf ist ein Reservat für Typen, die an anderen Orten vermutlich erschlagen würden. In Oberkassel und im Medienhafen dürfen sie angstfrei ihre outrierten Gesten ausleben. Gestandene Frauen, die mit ihren possierlich hochgebundenen Haarbüscheln an diese Schoßhündchen erinnern, die ständig totgetreten werden. In Begleitung eines verwegenen Dreitagebarttyps mit braun gebrannter Spiegelglatze und

tailliertem Brioni. Draußen steht der Allrad-BMW
mit künstlich gespritztem Dreck am Kotflügel. In
London und Hamburg verlaufen sich diese Invest-
mentbankertypen, im fußläufigen Residenzstädtchen
ballt sich das zu einer kritischen Masse. Money.
Money makes the world go around. Wer jetzt die Nase
rümpft, sollte aufhören, Lotto zu spielen.

▸▸ *Es gibt in Paris nicht so schöne Geschäfte*
wie in Düsseldorf. ◂◂
Guillaume Appolinaire, Lyriker

Vielleicht ist Jürgen Habermas deshalb ein so strenger
Gesellschaftskritiker geworden, weil er ein Düsseldorfer ist. Und vielleicht kam wegen dieses Überflusses
auch der Punk in die Stadt. Eine Form der musikali-
schen Bulimie. Im Ratinger Hof, laut Fritz Dross dem
„Kreißsaal des deutschen Punk", trafen sich alle, die
von der glatten Welt die Nase voll hatten. Rumpel-
Pogo gegen Flower-Pop. Vieles geht in dieser Stadt.
Der ehemalige japanische Generalkonsul Shin Maruo
antwortet auf die Frage, was ihm am meisten fehlen
werde: „Das Ambiente. Man fühlt sich hier nicht wie
ein Ausländer. Hier gibt es viele Menschen, mit denen
man gut Zeit verbringen kann."

Am Niederrhein nennen sie so noch heute den ober-
flächlichen Hausputz. Wenn es halt schnell gehen soll.
Mal eben flott ums Bett herum; die Staubmäuse
darunter sieht kein Schwein. Mit wenigen, klug gesetz-
ten Wischen erscheint die Bude blitzblank und
gepflegt. Kölns Variante zu Düsseldorfs Mehr-Schein-
als-Sein. Die Domstadt kokettiert mit dieser Untu-
gend offensiv. Erinnern Sie sich? Die Werbung für die
Fußball-WM? „Wenn mer fire, bruche mer nit
wische!" Ist der Kölner faul? Na ja, gut, er ist kein
Protestant. Zumindest nicht, wenn er „normal" ist.
Aus der Mittelalterforschung wissen wir über den
Bierkonsum Bescheid, zwei bis drei Liter. Aber nur aus
hygienischen Gründen, das Wasser aus den Brunnen
war ungenießbar. Nicht weil der Kölner gerne säuft.
Oder doch? Ein gewisser Hermann von Weinsberg
notierte im 16. Jahrhundert fleißig Szenen seines all-
täglichen Lebens und da lernen wir einen doch sehr
lebenslustigen Müßiggänger kennen, der immer gerne
„frolich gewest". Frolich zu sein heißt nichts anderes
als: angeschäkert. Es wird getanzt, gelacht, gesungen –
und bergeweise Spaß gemacht. Der fröhliche Kölner
muss den lieben Gott nicht durch Fleiß und Verzicht
betören. Auch wer schöne Lieder zu singen weiß,
kommt in den Himmel.

Nimmt man noch die Karnevalssession hinzu, dann
bleibt den Frohnaturen wenig Zeit, um in die Hände
zu spucken. Da er auch nicht ins Glas spuckt, muss er

▶▶ *Es ist ein Bazillus, der jeden Menschen befällt, sobald er eines der alten Stadttore durchschreitet. Nur eine halbe Nacht in diesem Coelln – und du siehst das Leben und die Welt anders, leichter, wie mit den scheinbar trägen Wellen des Rheinstromes schwingend.* ◀◀

Peter Paul Rubens, Barock-Maler

schon ein bisschen huddeln. Der Kölsche Wisch ist eine geniale Erfindung, damit die Arbeit der Fröhlichkeit nicht allzu sehr im Wege steht. In der Krankenpflege bedeutet der Kölsche Wisch so eine Art Katzenwäsche, kurz das „Zifferblatt" und die Problemzonen gewaschen. Kunden und auch Arbeitgebern ist der Kölsche Wisch also eher nicht so angenehm. Weshalb die Variante hier „en kölsch Johr maache" heißt, was bedeutet, einen auf ein Jahr geschlossenen Arbeitsvertrag vorzeitig zu kündigen. Kölner brauchen für die Glückseligkeit die Arbeit eher nicht. Anstatt mit den Hühnern aufzustehen, singen sie mit den *HÖHNERN:* „Mer sinn wie mer sinn, un so wie mer sinn, simmer perfekt." Eichendorffs Taugenichts hätte auch an einer Kölner Getreidemühle seine Wanderschaft beginnen können.

Stadtführer leiten uns nicht ohne Hintergedanken zum Heinzelmännchenbrunnen vor das Brauhaus Früh. 1899 wurde das Objekt im neogotischen Stil vom Verschönerungsverein gestiftet. Anlass war der 100. Geburtstag des Dichters August Kopisch, der die Geschichte von den fleißigen Heinzelmännchen schrieb. Dieser Auszug muss als Kölner Utopia gelesen werden:

Wie war zu Köln es doch vordem
Mit Heinzelmännchen so bequem!
Denn, war man faul, man legte sich
Hin auf die Bank und pflegte sich:
Da kamen bei Nacht,
Ehe man's gedacht,
Die Männlein und schwärmten
Und klappten und lärmten
Und rupften
Und zupften
Und hüpften und trabten
Und putzten und schabten.
Und eh ein Faulpelz noch erwacht,
War all sein Tagewerk – bereits gemacht!

Da es die Heinzelmännchen leider, leider nur in der
Fantasie gibt, sieht Köln manchmal ein bisschen
heruntergekommen aus. Der Kabarettist Jürgen
Becker brachte den Kölschen Wisch wie folgt auf den
Punkt: „eine Stadt, die wie im Dauerkarneval ver-
wahrlost wirkt. Die Parks sind dreckig, die Brunnen
laufen nicht mehr, und jede zweite Rolltreppe ist
kaputt. Die meisten Neubauten wirken, als hätten die
Architekten sie im Suff entworfen." *(Rheinische Post,
15. Februar 2010)* Aber die Menschen scheinen glück-
lich zu sein. Obwohl den Kölner Schlaraffen die Düsseldorfer Sauberkeit (die nur bedingt stimmt) komi-
scherweise nicht schnurzpiepegal ist. Im Internet fei-
xen Kölner über fein gemachte Damen im Pelz, die
sich angeblich für einen Fitzel Abfall bücken.

Die Schwester des Kölschen Wischs ist der Klüngel. Er
erspart die langen Wege. Kungeln kann man prima in
der Kneipe. Das kann gut gehen. Muss es aber nicht.
Das Fundament des Kölner Doms wurde um 1248
gebaut und ist acht Meter dick. Es trägt bis heute klag-
los den gigantischen Sakralbau, der wie eine Eins steht.
Beim Kölner Stadtarchiv erleben wir die schwarze Seite
des Kölschen Wischs, nämlich wisch und weg.

❹ Die verbotene Stadt Düsseldorf

Es begann ganz harmlos. Bei Ausschachtungsarbeiten
für die Wehrhahn-Linie wurde am 1. April 2008 eine
Vase aus dem 4. bis 3. Jh. v. Chr. gefunden. Ein nicht
besonders hübsches, bauchiges Tongefäß, schlicht
ornamentiert und außerdem in mehrere Teile zer-
trümmert. Herbeigerufene Fachleute tippten auf eine
römische Produktion, woraufhin der Kölner *Express*
süffisant titelte: „Düsseltopf steht Kopf!" In der Domstadt könnte man den gesamten Kölner Ring mit antiken Tontrümmern zupflastern!
Dann stießen die tüchtigen Spezialtiefbauer von Bil-
finger und Berger auf geschnitzte Marmorbalustraden
und glasierte Dachziegel. Die Archäologen staunten
nicht schlecht; so was hatten sie im Rheinland noch

nicht gesehen. Während sie sich mit ihren Löffelchen am Kopf kratzten, kam vom Landschaftsverband Rheinland die Expertise, dass die Düsseldorfer Vase nicht römischen Ursprungs ist, sondern aus der Zeit der Zhou-Dynastie stammen muss. Ein Kölner Kabarettist fragte daraufhin im Fernsehen: „Zhou? Wat soll denn dä Kwatsch? Is dat 'ne Untergruppe der Kelten, die immer zu wore?" Der Rheinländer kann ja bei keinem Thema ernst bleiben. Aber sprachlos war er dann doch, als er hörte, dass die Zhou Chinesen waren. Chinesen? Leck mich in dä Täsch. Auch die Wissenschaft gab sich nicht überzeugt. Die einen behaupteten, dass die chinoisen Stücke zum Haushalt eines reichen Kaufmanns am Rande der Altstadt gehört hätten. Unsinn, sagten die anderen, eine so spektakuläre Villa aus Marmorballustraden und glasierten Dachziegeln hätte doch urkundliche Erwähnung finden müssen. Was aber bedeuten würde, dass tatsächlich Chinesen vor zweieinhalbtausend Jahren am Rhein waren. Das wäre allerdings eine Sensation. Denn eine derart filigrane Bautechnik im Rheinland der späten Eisenzeit war bisher unbekannt. In der Kölner Bucht lebte man zu dieser Zeit, wenn es hoch kam, auf Bäumen. Sinologen des renommierten China-Instituts an der Goethe-Universität Frankfurt heizten die Debatte mit der kühnen These an, dass ausgerechnet in Düsseldorf ein fehlender Mosaikstein zur Geschichte der Zhou gefunden sein könnte. Ein chinesischer Prinz gilt nämlich bis heute als verschollen. Er hatte 771 v. Chr. in panischem Schrecken die Provinz Shaanxi verlassen. Die Hauptstadt der Zhou, das schmucke Hao, war von Nomaden überfallen, geplündert und dem Erdboden gleichgemacht worden. Bei den Kämpfen fand König You den Tod. Kronprinz Ping konnte unter dem Schutz der umliegenden Fürsten vor den abscheulichen Quanrong fliehen. Bis ins östlich gelegene Luoyang kann seine Flucht historisch belegt werden. Danach verliert sich seine Spur. Was aber, wenn Ping mit einer Handvoll treuer Gefährten einfach weitergerannt ist? Die blutrünstigen Nomaden wie Furien im Nacken. Die Hatz könnte über die Mongolei durch das wilde Kasachstan bis zum Kaspischen Meer gegangen sein. Bekanntlich verleiht die Angst ja Flügel. Aber vielleicht fühlte sich der Prinz auch im westlichen Asien nicht sicher. Schleierhaft bleibt, wie er die Wolga heil durchschwimmen konnte. Vermutlich hat ihm ein Wassernix bei der Überquerung geholfen. Danach ging es im Galopp weiter, im Hui über die schwindelnden Höhen des Kaukasus, dann durch das furchterregende Dickicht der Waldkarpaten. Kaum sah Ping wieder Licht, traf er auf schlecht gelaunte Skythen, die überhaupt keine Lust hatten, einem chinesischen Prinzen Asyl zu gewähren. Und schon musste Ping erneut Fersengeld geben: Durch halb Polen hetzten ihn die indogermanischen Reiter. Der Prinz wird die Bernsteinstraße in Richtung Norden genommen haben, um so schnell wie möglich Land zu gewinnen. Im Teutoburger Wald könnte es ihm gelungen sein, die ungastlichen Skythen abzuhängen. Nach Scharmützeln mit germanischen Kleingruppen stieß Ping erneut auf einen großen Fluss. An dieser Stelle erschien der Rhein besonders groß und gefährlich, weil er in einer scharfen Kehre verlief und die Auen überschwemmt hatte. Der Kronprinz von

Shaanxi blickte auf das gnadenlose Grau der Wasser-
massen und fühlte sich plötzlich unendlich müde.
Noch einmal wollte er nicht einen großen Fluss über-
queren und das Ertrinken riskieren. So kam es, dass
ein Häufchen Chinesen auf der Höhe vom heutigen
Schlossturm am Rhein hängen blieb. Das Düssel-
Städtchen gab's selbstverständlich 700 v. Chr. noch
nicht. Wohl aber ein paar keltische Fischer. Die werden den Fremden fröhlich begrüßt haben, weil sie
glaubten, der lustige Mann habe sich als Chinese ver-
kleidet und sei ein Jeck wie sie. Woraufhin Ping den
rheinischen Lachhälsen, pong, kurzerhand den Kopf
abschlug. Ping-Pong. Die Strapazen der langen Flucht
hatten ihn doch etwas dünnhäutig gemacht. Und
dann gründete er mit seinen treuen Kriegern eine
kleine Ping-Gemeinde nach altchinesischer Sitte. So
könnte es gewesen sein.

Aber die Geschichte ist noch nicht zu Ende. Denn die
Bauarbeiter machen in einer Tiefe von elf Metern eine
weitere Entdeckung. Es sind nur ein paar Steinplatten.
Aber wegen dieser Platten wird vermutlich die
Geschichte umgeschrieben werden müssen. Selbst der
Kölner *Express* gibt seine Anti-Haltung auf und titelt
euphorisch: „Wahnsinn in Düsseldorf!" Die größte
Platte misst ungefähr fünfzig Quadratmeter und ist
mehr als eineinhalb Meter dick. Der zweihundertfünfzig Tonnen schwere Stein könnte Teil eines großartigen Aufgangs zu einem Tempel oder Palast gewesen
sein. Luftbilder machen deutlich, dass sich diese Anla-
ge unter der halben Carlstadt erstreckt. Kein Zweifel,
es muss in der späten Eisenzeit eine große chinesische

Ansiedlung am Rhein gegeben haben. Das Reich der Mitte mitten am Rhein. Oberbauleiter Herbert Leondaris scherzt vor zahlreichen Vertretern der Weltpresse, dass ihn die Struktur der Ausgrabungen fatal an die Verbotene Stadt in Peking erinnere. Auch die Ausrichtung passe: vorne der Fluss, im Rücken das Bergische Land. Wie in Peking. Leondaris erntet für seine Bemerkung viel Gelächter. Eine Menge Kalauer fliegen wie Pfeile hin und her.

Aber was, wenn die Frotzelei von der verbotenen Stadt, mit der die Kölner gerne Düsseldorf betiteln, tatsächlich einen realen Hintergrund hat? Das würde schlagartig die Pejorationen erklären, denen der Landeshauptstädter täglich ausgesetzt ist: Hochnäsig sei er, geldgierig, eitel, karrieregeil. Alles Attribute, die auf den höfischen Beamten der Zhou-Dynastie passen. Die Stadt war schließlich das Abbild der himmlischen Ordnung auf Erden. Klar, dass sich die Bewohner dementsprechend verhielten. Ein Stellvertreter Gottes neigt nun mal zum Prunk. In der Verbotenen Stadt kleidete man sich in teuerste Seide, schritt über kostbaren Marmor und lebte in Häusern mit vergoldeten Dächern. Das musste zwangsläufig Neid herausfordern. Zumal für die einfache Bevölkerung der Zutritt verboten war. Der Kölner fremdelt ja noch heute, wenn er Düsseldorf betritt.

Es gibt aber noch einen anderen Grund, warum der Domstädter bis heute einen Heidenrespekt vor der verbotenen Stadt hat. Ihr Bau benötigte eine Unmenge von Arbeitskräften. Woher kamen die Sklaven? Aus

> Glöckner des Kölner Dom, oder sagen wir doch
> besser Hausmeister, ist ein gebürtiger Düsseldorfer:
> Norbert Feldhoff. Der Journalist Lothar Schröder schil-
> dert den Dompropst als einen humorigen und weisen
> Mann. Zum Klüngel im „hilligen Köln" meint Feldhoff
> feinsinnig, er sei wie ein Messer: „Mal hilft es beim
> Kartoffelschälen, mal ist es Mordinstrument."
> Als der damalige Kölner OB Fritz Schramma sich 2006
> herausnahm, die Wallfahrtskerze eigenhändig zu
> entzünden, reagierte der Düsseldorfer mit feinem
> Spott: Das sei schon in Ordnung, schließlich sei ja
> die Stadt Köln ohne den Dom fast nichts.

dem Kölner Raum. Neuss war damals ein menschen-
leeres Sumpfgebiet. Der Lehrstuhlinhaber der Sinolo-
gie in Bonn, Wolfgang Kubin, erinnert an die derben
Kriegsmethoden der Chinesen. Sie verfügten über
automatische Bögen, die zehn Pfeile gleichzeitig
abschießen konnten. Da hast du als Kölner Kelte selbst
mit Langschwert ziemlich alt ausgesehen. Wer überleb-
te, wurde versklavt und musste bis zum Umfallen Steine für die himmlische Ordnung klopfen. Das vergisst
man nicht, das merkt man sich über Generationen,
quasi über die Gene. Das ist im Kölner Stammhirn tief
eingebrannt. Vermutlich wurde überhaupt nur deshalb
der Kölner Dom gebaut. Als trotziger Fingerzeig in
Richtung Ping. Um den vermaledeiten Heiden zu zeigen, dass ab sofort in Köln die himmlische Ordnung
auf Erden herrscht. Jetzt und immerdar, und in die
Ewigkeiten der Ewigkeiten. Amen.

Es kommt aber noch doller. Auf Höhe des Graf-Adolf-Platzes tritt ein Arbeiter zu seinem Entsetzen auf Teile einer mumifizierten Leiche. Es stellt sich heraus, dass die Tunnelmaschine eine Grabkammer zermalmt und mehrere Leichname ans Tageslicht gefräst hatte. Die herbeigerufenen Archäologen finden hinter den Trümmern weitere Grabkammern, in denen zahlreiche mumifizierte Tote liegen. Jahrtausendealte Mumien mit westlichem Aussehen. Die nach altchinesischer Art konservierten Toten datieren auf Zeiträume von 700 v. Chr. bis 200 v. Chr. Alle weisen sie in Höhe des Schambeins chirurgische Nähte auf, die mit Pferdehaar geknüpft waren. Zunächst mutmaßen Forensiker, dass dies Frauen sein müssten, denen die Scham zugenäht worden war. Eine vorchristliche Form des Keuschheitsgürtels? Aber dann ergibt eine Genanalyse, dass die Mumien allesamt männlich sind. Upps. Was heißt denn das schon wieder? Der Chinakundler aus Bonn weiß auch darauf eine Erklärung: „Ein Friedhof für Eunuchen", sagt er ungerührt. Eine unerhörte Vorstellung. „Gar nicht unerhört", sagt der Fachmann. Traditionsgemäß hielt sich der chinesische Kaiser Hunderte von Konkubinen, die sich trotz der himmlischen Ordnung ziemlich langweilten. Und damit die Mädels vor lauter Langeweile nicht auf dumme Gedanken kamen, mussten sie bewacht werden, von Kastraten, was sonst. Das wird in Düsseldorf nicht anders gewesen sein. Und da um die verbotene Stadt herum damals die blanke Armut geherrscht haben muss, war für einen mittellosen Kölner das Eunuchentum die einzige Möglichkeit, gesellschaftlich aufzusteigen. Nur kastriert durfte der arme Schlucker das Tor zum höfischen Paradies durchschreiten. Beruhigend ist, dass die chinesischen Ärzte schon damals Meister der Totaloperation waren. Von zehn Kastrierten überlebten immerhin neun den Eingriff, der aber nichts für Weicheier war. Der Chirurg machte zwei Schnitte in den Hodensack, drückte die Hoden heraus und schnitt sie ab. Da hat das Wort Lebensabschnitt plötzlich eine sehr existenzielle Bedeutung. Dieser Eingriff ist in Düsseldorf heute verpönt, auch wenn dort über zweitausend Chinesen leben. Das Verfahren wird nur noch bei Hammeln angewendet, damit sie nicht so stinken.

Aber wie gesagt, das Erlebnis aus Urzeiten hat sich beim Kölner tief eingebrannt: Noch heute lästern Domstädter über jemanden, der nach Düsseldorf gezogen ist: „Dä Jupp kannste verjessen. Dä hätt sin Eier avgevve." Und in Düsseldorfer Brauhäusern heißen Soleier noch immer kölsche Klöten.
Warum hören wir aber heute kaum noch etwas vom Reich der Mitte am Rhein? Nun, nachdem die großartigen Funde durch Archäologen freigelegt, dokumentiert und dreidimensional per Laserscan vermessen worden waren, wurden die entstandenen Arbeitsräume wieder aufgefüllt. Den Ratsherren war die Bergung der archäologischen Schätze einfach zu teuer. Der notwendige U-Bahn-Bau sollte nicht weiter beeinträchtigt werden. So erinnern an die untergegangene fremde Welt nur eine Vase und zwei Bronzelöwen, die vermutlich das Tor zum Drachenthron des Kaisers bewacht hatten. Die einmaligen Prunkstücke der Westlichen Zhou-Dynastie werden zurzeit auf einem Bauhof in

Reisholz zwischengelagert. Die Altertümchen müssen unbedingt aufgebessert werden, aber dafür fehlt zurzeit das Geld. So stehen die Löwen in einem brüchigen Holzschuppen, warten auf den Restaurator und erodieren munter vor sich hin. Und so warten sie und warten und werden wohl bald vergessen sein.

❺ Der Kölner kann besser Karneval

Zumindest war er wesentlich früher närrisch als der Düsseldorfer. Am 5. März 1341 wird der Begriff „Fastelovend" in Köln erstmals erwähnt. Da hatte Düsseldorf gerade mal den Posten eines Bürgermeisters eingerichtet und bestand aus zweieinhalb Straßen. Ein Karnevalszug hätte sich bereits an der nächsten Ecke in den Schwanz gebissen. Mit „Fleisch lebe hoch" konnten die Düsseldorfer noch nichts anfangen, da sie überhaupt erst mal Fleisch werden mussten. Allerdings sprechen die Kölner von „Karneval" erst ab 1780. Bis dahin hieß der Mumenschanz „vastevend" oder eben „Fastelovend" und hatte einen klaren Bezug zur Fastenzeit. Damals war am Aschermittwoch wirklich alles vorbei. Was für den hedonistischen Kölner eine Vorstellung war, die ihn an die Grenze des Wahnsinns brachte. So benahm er sich dann auch. Im Jahr 1482 stürmten vermummte

Narren das Rathaus und steckten den Bürgermeister und einige Ratsherren in die Stadttürme. Heutige Anarchos wären stolz auf so eine Aktion. Zumal die Narren riefen: „Heute bist du der Herr, morgen will ich es sein!" Zwei Tage lief der Rädelsführer Johann Hemmersbach mit einem weißen Stäbchen in der Hand durch die prunkvollen Räume des Rathauses und fühlte sich bürgermeisterlich. Am Aschermittwoch war es aber vorbei mit der närrischen Revolution und der renitente Gürtelmacher verlor auf dem Neumarkt ein zweites Mal den Kopf. Diesmal seinen echten.

Verständlich, dass die Kölner Räte das tolle Treiben überhaupt nicht mochten und sogar mehrfach Vermummungsverbote erließen, an die sich aber niemand hielt. Bei den üppigen Festgelagen und Maskenzügen kam es immer wieder zu gewalttätigen Ausschreitungen. Auch der Kirche war dieser derbe kölsche Karneval nicht geheuer, zumal Mönchskutte und Nonnenkleidung beliebte Kostüme waren. Vor allem den Jesuiten passte das respektlose Auftrumpfen der Bürger nicht. Sie fürchteten alkoholische und sexuelle Exzesse und gar Mord und Totschlag.

Bis zur napoleonischen Zeit läuft die Fastnacht in Köln so beunruhigend archaisch ab. Noch im Jahr 1800 ist ein bayerischer Hofrat erschrocken über die hässlichen Masken und plumpen Menschen. Pöbel aller Klassen treibe voller Entzücken und sturzbetrunken durch die schmutzigen Gassen. Gut fünfzig Jahre später, 1854, formuliert ein Zeitgenosse erstaunlich ähnlich über den Düsseldorfer Karneval. Der Komponist Robert Schumann hatte sich ausgerechnet zur Fastnacht im Rhein ertränken wollen, was ihm aber trotz eisiger Temperaturen misslang. Konzertmeister Ruppert Becker schilderte, wie der triefende Schumann auf dem Rückweg zu seiner Wohnung von „einer Masse Plebs" verhöhnt wurde. Der Straßenkarneval bringt offensichtlich recht unangenehme Zeitgenossen hervor, die von den Chronisten wahlweise mit „Pöbel" oder „Plebs" betitelt werden. Fritz Dross siedelt den etablierten Düsseldorfer Karneval Mitte des 19. Jahrhunderts an. 1833 soll nach einem Maskenspiel auf dem Burgplatz der Karneval unter „Helau" und „Habuh" ins Leben gerufen worden sein. Der erste Düsseldorfer Prinz war ein echter Hanswurst und zerriss ein ganzes Paar Narrenschuhe beim Tanz vor dem Schlossturm. Schließlich hat das Narrenwesen in Düsseldorf eine Tradition, die bis ins 15. Jahrhundert zurückreicht. Weshalb der Hoppeditz als direkter Nachfahr der lustigen Räte bei Hofe gesehen werden muss. Wenn er am 11.11. erwacht, liest er den Düsseldorfer Oberhäuptern so ätzend die Leviten, wie es die Schalksnarren der Renaissance schon taten. 1841 setzten renommierte Künstler der Akademie, unter ihnen Andreas Achenbach, dem frechen Hüpfer gar ein Denkmal. Der Hoppeditz gehört also seit Beginn des organisierten Karnevals zum Inventar. Wohingegen der Kölner Nubbel, der über vielen Kneipeneingängen hängt, in den 50er-Jahren des 20. Jahrhunderts geboren wurde. Die mannsgroße Puppe ist in der Funktion des Sündenbocks ein direkter Nachfahr der Protestanten.

Höfische Formen des Karnevals gab es in Düsseldorf vermutlich bereits seit der Renaissance. Maskenball hieß das fröhliche Treiben hinter den hell erleuchteten Schlossfenstern. Das Volk musste draußen bleiben. Auch zur Zeit des angeblich bürgernahen Jan Wellem war das nicht anders. Ludern durfte nur der Adel, die Bürger hatten zu kuschen. Wilden Mummenschanz wie in den Kölner Gassen hätten die in der Stadt quartierten Soldaten vermutlich recht schnell niederkartätscht.

Ein selbstbewusstes Bürgertum entwickelte sich erst mit der Industrialisierung und da ging es dann auch gleich los mit Hoppeditz und Rathauserstürmung. Das Schandmaul ließen sie sich nicht mehr verbieten, nicht im Karneval. Was böse ausgehen konnte: Leo Statz stand wegen seiner Karnevalsschlager bei den Nazis unter Beobachtung und wurde 1943 mit dem Fallbeil hingerichtet. Ob der Dichter Ferdinand Freiligrath in Bilk deshalb nicht nur Revolutionslieder textete, sondern auch freche Gassenhauer für den Karneval? Die Fastnacht als Vorstufe des Barrikadenkampfs? Na ja, das ist lange her.

1795 fürchteten ausgerechnet die französischen Revolutionstruppen die Anarchie der kleinen Leute so sehr, dass sie in Köln kurzerhand den Stecker rauszogen. Null Karneval, hieß die Parole. Und was die Kölner Ratsherren nie vermochten, das schafften die Neujakobiner und Frühsozialisten: Der kölsche Schelm ließ die Kappe weg. Andernfalls wär's ihm wohl an den Kragen gegangen. Erst 1803 lief die Karnevalsmaschine wieder an. Um den Übermut zu dämpfen, führte die Regierung eine Maskierungsgebühr ein, die für Normalverbraucher einfach zu teuer war. So zog das Volk unmaskiert durch die Straßen, was ziemlich traurig gewesen sein muss, weil es keinen Spaß machte, über die Stränge zu schlagen, wenn die Nachbarn einen erkannten. Währenddessen maskierte sich das Großbürgertum allerliebst in venezianisch geschmückten Salons. Auf den Kölner Straßen war vom Mummenschanz also kaum noch was zu sehen. Mit Freude übernahm die preußische Besatzung die Vergnügungssteuer ihrer französischen Vorgänger, was die Freude der Kölner an Maskeraden weiter dämpfte. Ohne die Initiative einflussreicher Kölner wäre der Karneval um 1820 wegen Blutarmut kollabiert. Die Erste-Hilfe-Aktion hieß „Fastnachtsreform". Regierungspräsident Heinrich von Wittgenstein, ein gebürtiger Kölner, traf sich 1823 mit Gleichgesinnten in einem Weinhäuschen, um den „in ganz Teutschland einstens so berühmten Kölnischen Carneval" wiederzubeleben. Dabei entstand die Idee eines Rosenmontagszuges. Die romantisch verklärte Narrentradition fand nun in den Händen des patriotischen Großbürgertums ihre verfeinerte Fortsetzung. Der Karneval hieß nun Prinz und benahm sich dementsprechend. Die Rosenmontagszüge auf dem Neumarkt sehen auf den Illustrationen eher wie bunte Militäraufmärsche aus: mit vielen Fahnen, Uniformen, Kanönchen und einer Handvoll Prunkwagen von Vier- und Sechsspännern gezogen. Sehr wittgensteinisch präsidial halt. Erst in den 1870er-Jahren erhielt seine Tollität, der Prinz, Gesellschaft durch deftigere Gesellen, nämlich den Bauern und den Transvestiten, der frivol an Agrippina, die

Gründerin von Köln, erinnert. Aber bis ins 20. Jahrhundert hinein blieb die wiederbelebte Form des Kölner Karnevals eine wohltemperierte und etwas prümsige Lackschuhveranstaltung. Denn die Aufnahme ins Comitee kostete drei Taler, was für einen Handwerksmeister mehr als die Hälfte seines Wochenlohns bedeutete. Das Establishment winkte huldvoll von den Wagen hinunter, das Volk winkte züchtig hoch, oft unvermummt. Eine Aufhebung der Klassenschranken gab es in Köln damals nicht.

Weshalb sich Kölner und Düsseldorfer Lackschuh-Narren damals recht gut verstanden haben müssen. Denn auch der Düsseldorfer Prinz ist trotz Pritsche kein derber Hanswurst mehr. Zumal sie ein gemeinsames Feindbild verband: die Preußen. Die Würdenträger der Besatzungsmacht waren beliebte Zielscheiben der Karnevalisten. Im Gürzenich und im Künstlerverein Malkasten wird es von schnauzbärtigen Schutzmännern und säbelrasselnden, schnarrenden Feldwebeln nur so gewimmelt haben. Ob der Kölner Schnorres ein Überbleibsel dieser Parodien ist? Ein Stück Nostalgie auf der Oberlippe, guter alter Schnäutzerkowsky. Man weiß es nicht. Ein königlich preußischer Polizist schaffte es immerhin bis auf die Kölner Bierdeckel: der Schutzmann Streukooke. Er sieht wie Jean Pütz aus.

Der Narrenkampf

Ohne die massiven Eingemeindungen im letzten Jahrhundert wäre der Kölner Karneval nicht wieder so

▸▸ *Viva Colonia*

Met ner Pappnas gebore dr Dom en dr Täsch,
han mir uns jeschwore: Mer jon unsere Wääch
Alles wat mer krieje künne, nemme mer och met,
weil et jede Augenbleck nur einmol jitt ...
Mer jon zom FC Kölle un mer jon zom KEC
Mer drinke jän e Kölsch un mer fahre KVB
Henkelmännche – Millowisch, bei uns es immer jet loss
Mir fiere jän, ejal of klein of jroß – wat et och koss'!

Da simmer dabei! Dat is prima! Viva Colonia!
Wir lieben das Leben, die Liebe und die Lust
Wir glauben an den lieben Gott und hab'n noch immer Durst.

Mer han dä Kölsche Klüngel un Arsch huh – su heiß' et he!
Alaaf op Ruusemondaach nu Aloah CSD
Mer sin multikulinarisch – mer sin multikulturell
Mer sin in jeder Hinsicht aktuell – auch sexuell!

Da simmer dabei! Dat is prima! Viva Colonia!
Wir lieben das Leben, die Liebe und die Lust
Wir glauben an den lieben Gott und hab'n noch immer Durst.

Mer lääve hück – nit murje, zo schnell verjeiht die Zigg
L.M.A.A. ihr Sorje – mer lääve dä Augenbleck
... un dä es jenau jetz'!
Da simmer dabei! Dat is prima! Viva Colonia!
Wir lieben das Leben, die Liebe und die Lust
Wir glauben an den lieben Gott und hab'n noch immer Durst. ◂◂

HÖHNER, Kölner Musikgruppe

FÜNF WOHLFEILE VORURTEILE

volkstümlich geworden, wie er heute ist. Die Neubürger Kölns stürmten quasi die Karnevalshochburg und forderten Mitfahrgelegenheit. Der Urkölner musste mit den Kolonien teilen lernen. So wurde der Rosenmontagszug lang und immer länger. Bis heute haben die Kölner den längsten. Aber sie versetzen niemanden mehr in Schrecken; die Bockshaut haben sie abgelegt, Totschläger gibt es kaum noch, dafür Horden von wilden Pinklern. Diese Form der Spontanentsorgung ist auch in der Düsseldorfer Altstadt sehr beliebt. Bei der Ammoniakausdünstung liefern sich beide Städte ein olfaktorisches Kopf-an-Kopf-Rennen. Wer stinkt am dollsten? Übrigens die erste Disziplin, bei der die Kölner nicht gleich „Hier!" rufen. Im Karneval sind sie die Besten. Sie haben geniale Liedermacher wie die *Bläck Fööss* und die *HÖHNER,* Karnevalsprofis, die ihr Leben dem heiligen Ritual der Fastnacht opfern. Niedecken robbt sich auch immer mehr an den Karneval heran. Da kommen so gute Bands wie *Alker Selza* und *Alt Schuss* nicht mit. Die *Düssel Disharmoniker* landeten zwar einen Hit mit *Da schwimmt ein Kölner.* Aber diese flotte Düssel-Hymne kann die Domstadt nicht wirklich erschüttern. Auch die Ausgelassenheit können nur wenige Düsseldorfer toppen. Wobei auch sie gerne fröhlich sind, aber eben nicht so in ihrem volkstümlichen Liedgut wohnen wie die kölschen Frohnaturen. *Tote-Hosen*-Lieder sind nicht unbedingt Ohrwürmer. Kölner haben dann immer noch eine Bonus-CD, die sie auflegen können. Zum Beispiel *Ich bin ne kölsche Jong un tu jern laache.* Und dabei weinen sie! Und der Düsseldorfer denkt erschrocken, jetzt ist meinem Nachbarn was passiert.

Aber der Kölner ist einfach nur so wahnsinnig glück-
lich, ein Kölner zu sein. Das versteht der Düsseldorfer
nicht.

Andererseits nehmen Kölner ihren Karneval fast so
ernst wie ihr Bier, da überkommt sie geradezu olym-
pischer Ehrgeiz: „Der größte Rosenmontagszug
Deutschlands seit 1823!" In der Regel ist der Kölner
Rosenmontagszug sieben Kilometer lang, der Düsseldorfer liegt bei sechseinhalb Kilometern. Sechsund-
neunzig Festwagen stehen gegen siebzig Gesellschafts-
und Motivwagen. Das variiert von Jahr zu Jahr mini-
mal. Zuschauer kommen nach Köln circa 1,3 Millionen
und in Düsseldorf sind es ungefähr eine Million. Die
Traktoren, Musikkapellen und Pferde schenken wir
uns. Der Kölner spürt den heißen Atem des Düsseldorfers im Nacken. Beschissenes Gefühl. Zumal, wenn
du einfach zu lange von Rom verhätschelt worden
bist. Na gut, der Kölner Zugleiter Christoph Kuckelkorn hatte im Januar 2010 couragiert einen so frechen
Umzug wie selten zuvor angekündigt. Der Handschuh
lag also im Düsseldorfer Ring. Kuckelkorn war guter
Dinge, weil BAP-Sänger Wolfgang Niedecken zwei
Wagen gestalten sollte. Gesendet wurden im Fernsehen aber vor allem Motive aus Düsseldorf, die von
Jacques Tilly und seiner Kreativ-Crew aus ehemaligen
Studenten der Kunstakademie. Noch in der *Süddeutschen Zeitung* vom 19. Februar wurde in einem politischen Kommentar das SPD-Skelett erwähnt, auf dem
Sigmar Gabriel reitet. Besser kann es doch nicht laufen für einen satirischen Karneval. Wobei wir wieder
beim Anfang wären. Der Historiker Hugo Weiden-

haupt erwähnt in seinem Standardwerk zur Düsseldorfer Geschichte den Karneval nur einmal. „Selbst in das Karnevalstreiben, das seit 1829 maßgeblich durch den Allgemeinen Verein der Karnevalsfreunde gestaltet wurde, kam durch die rege Beteiligung der Künstler eine besondere Note, die sich, im Gegensatz zu dem mehr volkstümlichen Karnevalstreiben in Köln, das sich mit Vorliebe auf der Straße abspielt, bis heute erhalten hat." Niedecken kann singen, aber er kann keine Satire. Während sich Kölner an ihren Heimatliedern abarbeiten, frickeln Düsseldorfer an der Kunst herum, an der Werbung und auch am Kabarett. Da gibt es eine böse geistige Allianz zwischen Kunstakademie und *Kom(m)ödchen*. 2010 machten die Kölner den Fehler, eine Düsseldorf-Karikatur für den Rosenmontagszug vorab zu präsentieren: Ein Düsseldorfer mit Blindenbrille küsst die kölsche Jungfrau auf ihren Zopf. Die Verwechslung des Geschlechts fanden die Kölner wohl sehr kühn.

Die Gruppe um Tilly hat sofort reagiert. Am Karnevalswochenende modellierte er eine Antwort. Da stand Köln längst unter Kölsch. Hugenotten aber arbeiten auch an Feiertagen. Und am Rosenmontag rollte die Antwort aus Düsseldorf durch die Altstadtgassen: ein blinder Kölner, der die Kölner Jungfrau auf den Hintern küsst. Vor allem die Kölner Karnevalsfunktionäre nahmen das tierisch ernst. Als Zugleiter Christoph Kuckelkorn in einem *ARD*-Interview auf die Häufung Düsseldorfer Motive in den Fernsehnachrichten angesprochen wurde, lachte er über sich selbst und reagierte unglaublich locker, tolerant und weltoffen: So sieht sich ja die Domstadt. Aber der Kölner Zugführer, der Tilly abwerben wollte (die Kölner wollten auch schon Lore Lorentz rüberziehen), antwortet kölsch: „Diese Spitze gegen Köln hätten sich die Düsseldorfer Karnevalisten ruhig sparen können." Warum denn? Wer schießt, muss mit einer Antwort rechnen. Dann geht es weiter, Kuckelkorn meint, dass Tilly den Blindküsser abgekupfert habe. Aha! Wer also einen stumpfen Pfeil aufnimmt, ihn anschärft und zurückschießt, der kupfert also ab.

Die Kölner können Karneval, aber können sie auch Selbstironie? Ihre Büttenredner sparen ja auch nicht mit Fett. Kuckelkorn sagte in der *Tagesschau* am Abend eines wunderbaren Rosenmontags: „Der Zug muss nicht allein über die Provokation leben. Das tun Menschen im Norden von Köln. Ich kenne die Stadt nicht genau, es muss irgendein Dorf sein." Die *Rheinische Post* fragte bei Kuckelkorn nach, ob er das wirklich so ernst gemeint habe, und der schießt nach: „Ich sage immer, wenn die Düsseldorfer nicht so laut schreien würden, würde keiner dort wissen, dass Karneval ist."

Was für ein unterhaltsames Beispiel für die Fehde am Rhein. Ich könnte ihn küssen – auch wenn er keine Frau ist! Solange uns der Nachschub an solchen Klaafschnüss nicht ausgeht, lebt der Zwist munter weiter!

EIN BOXKAMPF IN
ACHT RUNDEN

➡ Der Ring ist aufgebaut. In den Ecken sitzen zwei Schwergewichte, der eine trägt einen Anzug von Hugo Boss, der andere einen Trainingsanzug aus Fallschirmseide und einen Schnauzer. Der Herr im Anzug hockt auf einem Klappstuhl und hört sich konzentriert die Anweisungen seines Trainers an. „Du musst ihn ständig beschäftigen! Achte auf seine Führungshand!", hören wir ihn reden. Der in der Fallschirmseide sitzt selbstbewusst bis rotzig auf seinem Stuhl. Auch er wird von seinem Trainer mit letzten Anweisungen gefüttert. „Halt ihn auf Distanz! Er ist 'ne Schäl." Der Ringrichter fordert beide Kämpfer auf, sich zu begrüßen. Nachdem sie sich erhoben haben, sieht man, dass der Kölner einen Kopf größer ist als der Düsseldorfer. „Siehst gut aus", sagt der Kölner, „freut mich, dich zu sehen." „Ebenso", sagt der Düsseldorfer. „Und wie geht es zu Hause?" Mit diesen Worten gibt er dem Mann mit dem Walrossbart eine deftige Kopfnuss. Der Kölner ruft erschrocken: „Hallo, nee, ach, iiiih!" Dann fängt er sich aber und nimmt unter dem Gejohle der Fans den Düsseldorfer in den Schwitzkasten. Während er sein Opfer durch den Ring zieht, stößt er die freie Faust immer wieder genussvoll in dessen Gesicht. Die Fans stimmen gemeinsam das Lied an *Wir bleiben Freunde für das Leben, es kann gar nichts Schönres geben.* Der Schiedsrichter reißt die Kontrahenten auseinander und ermahnt sie zur Fairness. Beide Kämpfer gehen in ihre Ecke zurück. Das Gesicht des Düsseldorfers ist leicht gerötet.

Nun stellt der Schiedsrichter dem Publikum die drei Punktrichter vor und erläutert das Regelwerk. Es gelte das Ten-Point-Must-System. Dabei bekäme der Sieger jeder Runde zehn Punkte, der Verlierer in der Regel neun, bei einem erlittenen Niederschlag in aller Regel acht, bei zwei erlittenen Niederschlägen sieben. Falls eine Runde unentschieden gewertet würde, erhielten beide Boxer zehn Punkte. Verwarnungen würden erst nach Ende des Kampfes vom Punktekonto abgezogen. Wenn also bei einem Achtrunder, so der Referee, ein Boxer alle Runden gewänne und es gäbe keinen Niederschlag und keine Verwarnung, dann laute das Urteil 80:70. Nach dieser Einführung gibt ein Gong die erste Runde frei. Die Boxer federn von ihren Hockern hoch. Ohrenbetäubender Lärm des Publikums mit Rasseln, Trommeln und Pfeifen.

❶ Runde: Lifestyle. Wer ist die Schönste im ganzen Land?

Hauptsache Spaß, das Motto prägt den Lebensstil beider Metropolen. Wobei es der Kölner etwas derber liebt und der Düsseldorfer gepflegter über die Stränge schlägt. Vielleicht sind in der Südstadt die Nächte noch etwas länger als in der Altstadt. Im Feiern mag der Kölner Weltmeister sein. Im Geldausgeben ist es der Düsseldorfer. Darin hat er spätestens seit Jan Wel-

lem Übung. Bereits 1802 preist sich Düsseldorf als
Stadt des Savoir-vivre, indem sie mögliche Investoren
mit ihren „wohlfeilen Lebensmitteln" lockt. Die Kölner
freuten sich, wenn sie überhaupt irgendetwas zu bei-
ßen hatten. Bis Mitte des 19. Jahrhunderts prägten das
Kölner Handtuch (Wohnungsenge) und Hungertuch
den Alltag. 1817 lebten mehr als ein Drittel der Einwohner von Almosen. Da durften Vergnügungen nicht
viel kosten. Auch in Düsseldorf reichte es für viele nur
zum Existenzminimum, aber unter den etwa fünfzehn-
tausend Einwohnern gab es immerhin über dreihun-
dert Beamte und fünfhundert Personen, die von recht
großzügigen Renten lebten. Diese Leute beschäftigten
an die zweitausend Dienstboten. Die hatten gehobene
Ansprüche an Händler, Handwerker, Wirte und
Künstler. Vielleicht wuchsen in diesem bourgeoisen
Umfeld die ersten Hallodries heran, die auf dicke
Hose machten und zumindest das Küchenpersonal
schwer beeindruckten. Dieter Forte beschreibt in dem
Roman *Das Muster* so einen zugewanderten Lebens-
künstler. „Es war die Lebensart, die Friedrich Fontana
(...) veranlasste, sich hier niederzulassen und als Erstes
einen Strohhut zu kaufen, ihn sehr schräg auf seinen
Deez zu setzen, wie er immer sagte, voller Entschlos-
senheit, das vor ihm liegende Leben nicht mit Arbeit,
Sorgen und schlechter Laune zu verbringen." Forte
beschreibt uns einen Leichtfuß, der Wert auf seine
äußere Erscheinung legt. Folgerichtig gehört eine
Modemesse nach Düsseldorf. Mode machten die
Kölner zuletzt in der Renaissance. Da gaben sich die
Damen noch extravagant nach Brabanter Art und die
Ratsherren trugen einen schwarzen Umhang und

einen hohen Hut. Die Kölner waren damals die Düsseldorfer des Niederrheins. Das ist vorbei. Understatement ist in der Domstadt jetzt chic. Outdoorklamotten trägt man auch indoor. Ein Kölner Comedian muss in Jeans, Hemd über der Hose und blondierter Frisur auftreten, sonst wird er für einen Düsseldorfer gehalten und ausgepfiffen.

Was wäre eigentlich aus dem sich so aufrichtig kleinbürgerlich gebenden Köln geworden, wenn die Interessengemeinschaft Damenoberbekleidung, kurz IGEDO genannt, in die Domstadt gegangen wäre? Neben Frankfurt hatte sich ja die Stadt von Tünnes und Schäl für den Standort Modemesse beworben. Nicht auszudenken, Köln hätte den Zuschlag der Modezaren erhalten. Die Stadt hätte sich neu definieren müssen.

Die erste Modeschau in Düsseldorf, 1949 noch auf der Kö, fand ganz unkapriziös mit Models von der Straße statt. Hanns Friedrichs, Modemacher der ersten Stunde, staunte damals, „mit welchem Geschmack sich die Düsseldorferin bewegt". Da muss also was in den Genen sein. Die Camouflage ein Teil des Düsseldorfer Lebensstils? Von jungen Menschen höre ich immer wieder, dass sie die Atmosphäre von Köln interessanter finden. Das Flair einer Studentenstadt. Schnuckelige Kneipen, fröhliche Leute. Ihnen gefällt das Improvisierte, das Unrunde. Köln erinnert sie ein wenig an ihr eigenes, unaufgeräumtes Zimmer. Zum Kölner Lifestyle gehört ja neben der Lustigkeit auch oft genug die Luschigkeit. Weiteres Argument ist die Subkultur.

In Köln gibt es einfach mehr „Bekloppte" als in der Landeshauptstadt. Düsseldorf hat auch die Unangepassten und Abgedrehten, aber weniger im Underground, sondern im Overground der Künste und der Werbung. Überhaupt leben in Köln einfach mehr Menschen. Wenn also pro tausend Einwohner ein Bekloppter geboren wird, dann hat Köln knapp tausend Bekloppte und Düsseldorf sechshundert. Das kann schon entscheidend sein für eine kreative Atmosphäre. Dafür ist in Düsseldorf die bildungsbürgerliche Schicht durch die vielen Zugereisten ausgeprägter. Mit diesen Kulturkonsumenten lässt sich eine Menge anstellen. Wer es also „dirty" oder „hardcore" haben möchte, geht nach Köln. Die feineren Salbungen erhältst du in Düsseldorf. Das gilt für alle Lebenslagen. Weshalb die Unternehmensberatung Mercer aus der Schweiz Düsseldorf regelmäßig unter den Top Ten der lebenswertesten Städte sieht. Weltweit.

Mit seiner Führungshand hält der Kölner den etwas kleineren Gegner auf Distanz. Er ist als One-Punch-Knockouter bekannt. Bei jedem Angriff muss der Düsseldorfer achtgeben, dass er nicht in einen der gefährlichen Aufwärtshaken läuft. Bereits nach wenigen Sekunden kommt der Kölner mit einem Jab ins Ziel. „Schickimicki!" Kein schwerer Treffer, da mit der Führungshand ausgeführt, aber es knackt doch ganz schön im Düsseldorfer Gebälk. Den nächsten Schlag des Kölners, „Currywurstmitblattgoldfresser", unterpendelt er und setzt zwei Schläge aus der Halbdistanz: „Prolet! Schlönzken!", zack, zack. Rein und gleich wieder raus. Zwei Wertungstreffer. Der Kölner guckt etwas verdutzt und wischt sich die Wange. Einen Riesen „Schlönzken" zu nennen, ist schon ziemlich despektierlich. Einzelne Buhrufe von Kölner Fans. Eine Weile tänzeln die beiden umeinander herum. Wieder gelingt dem Kölner mit der Führungshand ein Nasenstüber: „Do enjebilte Penn!" Peng! Und gleich setzt er mit der gefürchteten Rechten nach: „Jeföhlskalte Hochdeutschquasseler!" Der zweite Schlag trifft ins Herz. Die Düsseldorfer Seite protestiert gegen die Unterstellung, kein Rheinländer zu sein. Die Punktrichter lassen sich nicht erbarmen, es stimme doch, dass Köln mundartsicherer sei. Der Treffer wird gegeben. Selbstzufrieden reckt der frischgekürte Urrheinländer die Faust in die Höhe, um sich vom Publikum feiern zu lassen. Die Rechte des Düsseldorfers kracht deshalb ungebremst ans Kölner Ohr, sodass es mächtig klingelt: „Hau den Lukas! Größte Kirmes am Rhein!" Von wegen kein Brauchtum. Wütend schlägt der Kölner zurück und trifft ebenfalls zur Freude des Publikums mit dem Argument. „Die meisten Brauhäuser!" Das ist ein Schlag ins Gesicht, denn auch Düsseldorf ist stolz auf seine Hausbrauereien. Rums, klingelt es erneut in der Kölner Birne. „Schönste Promenade am Rhein!" Es ist nun ein offener Schlagabtausch. Denn die Kölner Antwort trifft ohne Federlesen ihr Ziel: „Altstadt mit Groß St. Martin viel charmanter!" Rums! „Unsere opulenter!" Bums. Das Publikum springt auf, ruft, johlt, pfeift. Die Kämpfer liegen nun im Klammergriff, im Clinch, beide atmen schwer. „Klein-Tokio", haucht der Düsseldorfer dem Kölner ins Ohr. „Du Flabes, mein Sushi heißt Tartar", gibt der Kölner heiser zurück. Der Ringrichter bringt die beiden wieder auseinander. Zong! Erneut nutzt der lange Kölner seine Führungshand als Angriffswaffe. Volltreffer mit der Einkaufsmeile Hohe Straße, haha!, Spitzenreiter unter den deutschen Einkaufsstraßen. Die Düsseldorfer Ecke protestiert, „lauter Billigmarken". Der Ringrichter zuckt die Schultern und sagt: „Auch billig muss sein." Der Punkt gilt. Der Düsseldorfer kommt wieder durch geschicktes Abducken in die Halbdistanz und schlägt auf die Kölner Leber: „Königsallee." Der Getroffene knickt mit dem Oberkörper nach vorne. Jetzt protestiert die Kölner Ecke: „Unhöfliche Verkäuferinnen und dat teure Zeug is wat für Plackfisel!" Der Ringrichter zuckt die Schultern und sagt: „Auch teuer muss sein." Der Punkt wird gegeben. Der Kölner schlägt noch mit dem gemütlichen Studentenviertel Kwartier Latäng zu, der Düsseldorfer revanchiert sich mit Oberkassel, „alles in Laufweite". Sie hätten noch weiter aufeinander eingedroschen. Kölns Christopher Street Day kam Millisekunden nach dem Gong. Riesige Proteste, beim Weggehen höhnt der Düsseldorfer: „Unsere Schwulen müssen nicht auf Karnevalswagen!" Woraufhin der Kölner Hüne in die Düsseldorfer Ecke stürzt und seinem Kontrahenten anbietet, nach draußen zu gehen, um die Sache zu klären. Der Ringrichter geht dazwischen und spricht für beide eine Verwarnung aus.

Punktestand 10:10

Die Hamburger Redaktion von *Merian* kommt im aktuellen Heft zu Düsseldorf (2009) aus dem Staunen nicht heraus. „Wie die Stadt sich mit dem neuen Medienhafen geschmückt hat, das lässt so schnell keinen Vergleich zu ...“

Köln gibt sich in dem schon erwähnten Internetauftritt zur Fußballweltmeisterschaft 2006 demonstrativ gleichmütig: „Die Fast-Millionenstadt ist eigentlich ein Dorf und die Häuser sind gefliest. Von außen. Klingt alles nicht schön, aber stört hier auch niemanden.“ Denn die Kölner seien selbst ernannte Frohnaturen, fährt der Text fort. Klingt vor allem nach *Kismet* und *Kiss me, Kate*. Merians Chefredakteur Andreas Hallaschka nennt neben der Kunst und der „Welt des hochwertigen Konsums“ die Architektur, „über die sich Düsseldorf definiert und auch immer wieder neu darstellt, die diese Stadt besonders attraktiv macht“. Wohingegen Kölner mit ihrer Heimatstadt schon mal hadern. Sinnvolle Konzepte zum Wiederaufbau in der Nachkriegszeit scheiterten an Einsprüchen der Haus- und Grundbesitzer oder mussten den Plänen einer autogerechten Stadt untergeordnet werden. Als „Traditionsinsel“ wurden von der Altstadt nur der Bereich um das Rathaus und das Martinsviertel wieder aufgebaut. Viele Ideen stießen an finanzielle Grenzen, so die Verlegung des Hauptbahnhofs und der Hohenzollernbrücke. Dabei hätten manche kriegsbeschädigte Bauten aus dem 19. Jahrhundert wieder hergerichtet werden können. Da gebärdeten sich beide Rheinmetropolen gleichermaßen barbarisch. Sowohl die Kölner als auch die Düsseldorfer Oper, ausgebrannte, aber hübsch dekorierte Kulissen aus der Gründerzeit, fielen der Abrissbirne zum Opfer. „Hau weg die Klamotte!" Den Kölnern war das Zeug nicht alt genug, die Düsseldorfer hatten keinen Sinn fürs Alte. Meister der Abrissbirne sind eindeutig die Düsseldorfer. Ihr Schloss und ein Renaissance-Tor hatten sie ohne Magengrimmen bereits zur Kaiserzeit zerlegt. Aber auch der Aufbau überzeugt nicht immer. Die durch die Innenstadt gefräste Berliner Allee ist bis heute kein Glanzstück, geschweige denn ihre Verlängerung, die öde Corneliusstraße. Wer Depressionen hat, sollte als Fußgänger diese Zone meiden. Aber zum Glück brachte Autofreund Friedrich Tamms auch so wunderbare Dinge wie die eleganten Rheinbrücken auf den Weg, den viel beachteten innerstädtischen Tausendfüßler (an dem nun gesägt wird) und im Bereich Schadow-/Martin-Luther-Platz eine der ersten Fußgängerzonen der Bundesrepublik. Neues Wahrzeichen der aufstrebenden Landeshauptstadt wurde aber das Dreischeibenhochhaus. Ähnlich wie Düsseldorf wurden weite Teile Kölns nicht wieder aufgebaut, sondern neu gebaut. Wobei Generalstadtplaner Rudolf Schwarz bei seinem System breiter Straßen auf pompöse Pläne aus der Vorkriegszeit zurückgriff. Immerhin sollte der Verkehr um den historischen Stadtkern herumgeführt werden. Doch die zunächst bescheiden geplante Nord-Süd-Tangente wächst sich zu einem Monster aus, das die Altstadt, das Herz von Köln, hässlich durchschneidet. Überhaupt scheint die stolze Domstadt die schnörkellose Sachlichkeit zum Stilprinzip erhoben zu haben. Der gesamte innerstädtische Bereich um den gigantischen *WDR*-Komplex herum ist von gnadenlos sprödem Charme.

Zack! Zack! Zack! Ehe sich der Düsseldorfer gesammelt hat, schlägt der Kölner einen Jab auf die Augenbraue und legt links, rechts einen nach. „Dom! Romanische Kirchen! Altstadt!" Drei Treffer. Der Gegner stolpert nach hinten und blutet im Gesicht. Offensichtlich will der Kölner im Stil eines Pressure-Fighters eine schnelle Entscheidung erzwingen. Er nutzt dabei seine längere Reichweite. Die Düsseldorfer Ecke protestiert. „Alles Altlasten!" Die Punktrichter geben zu bedenken, dass diese schönen Sachen ja noch stehen, also zum Stadtbild dazugehören. Bums hat der Kölner eins auf der Nase. Was soll das denn? „Andreaskirche und St. Maximilian, unsere Barocknummern!" Der Getroffene schüttelt den Kopf. Man weiß nicht, ob aus Unverständnis oder wegen der Geraden. Danach belauern sich die Boxer erst einmal. Wieder sucht der Kölner den Angriff: „Fernsehturm", ballert er dem Düsseldorfer an den Latz, „292,9 Meter, höher als deiner!" Prompt schlägt der Gegner zurück: „Die dreizehn Meter! Meiner ist eleganter!" Dann unterpendelt er den nächsten Schlag und bringt mit einer Ein-zwei-Kombination den Mann in Fallschirmseide zum Japsen. Leber und Magen reagieren stinksauer. „Das NRW-Parlament, einer Artusrunde nachempfunden, und der Schlossturm. So 'ne runde Renaissance-Schönheit habt ihr nicht!"

Danach plänkeln die zwei eine Weile durch die Jahrhunderte, ohne dass klare Treffer erzielt werden. Verblüffend, wie passiv der Kölner Riese nach dem fulminanten Start bleibt. Der Düsseldorfer scheint sich vom Seitenhieb auf fehlende romanische Kirchen gut erholt zu haben. Der Führungshand des bärenstarken Gegners weicht er aus und kommt immer wieder stichelnd ins Ziel. Das zermürbt. Als der Kölner mit dem Müngersdorfer alias RheinEnergie Stadion einen Schwinger nicht ins Ziel bringt, schlägt der Düsseldorfer zu. „Esprit-Arena!" Zack! „51.500 Zuschauer überdachbar! Rheinpromenade, so viel Rhein gibt es sonst nirgends! Eine herrliche Flaniermeile!" Und bums! „Das glasverkleidete Stadttor!" Der Kölner fliegt in die Seile, duckt sich aber vor dem nächsten Punch weg und schlägt dem Gegner das Weltstadthaus an die Seitenrippe. Kein wichtiger Treffer, tut aber weh. Der Kölner sucht den Clinch, um sich etwas auszuruhen. Dem Düsseldorfer kommt die Pause nicht ungelegen, die Prellung schmerzt höllisch. „Renzo Piano", keucht er dem Kölner ins Ohr, „ich weiß. Schöner Walfisch. Aber wieso hat dieser Architekt den Fisch nicht an den Rhein gebaut? Bei uns wird er 2010 ein ziemlich abgedrehtes Gebäude im Hafen errichten." „Oder hinrichten", sagt der Kölner. „Der hatte bei uns Statikprobleme." „Na, dafür seid ihr doch bekannt", sagt der Düsseldorfer und streichelt seinem Kontrahenten über den Kopf. Für einen Augenblick sind sie im Reinen und wiegen sich. Was soll der ganze Dries. Dem Publikum gefällt die Eintracht gar nicht, es will Blut sehen und pfeift. The show must go on. Der Ringrichter zieht die beiden Sehnsuchtsvollen auseinander.

„Medienhafen!" knallt der Düsseldorfer seinem Ex-kumpel vor den Latz, der fliegt der Länge nach hin. Springt gleich wieder auf, „nur gestolpert", ruft er, bewegt sich danach aber merkwürdig verlangsamt. Die Punktrichter signalisieren trotzdem „Nieder-schlag". „Kölner Rheinauhafen", knufft er zurück. Ist aber kein schlagendes Argument, da architektonisch nicht vergleichbar. Danach drischt der Düsseldorfer dem Kölner die markanten Architekturen um die Ohren, dass ihm Hören und Sehen vergeht. „Gehrys Reflexionen, die wie Skulpturen wirken", rums, „das zweiundsechzig Meter hohe Colorium", rums, „das Haus vor dem Wind", rums. Der Kölner klammert erneut und wird vom Ringrichter ermahnt. Norbert Wanslebens Wolkenbügel findet als Jab ins Ziel, knall-hart wie zu Henry Maskes guten Zeiten. Erneut geht der Domstädter in den Clinch, der Ringrichter zeigt einen Punktabzug an. „Futzemann", flüstert der Köl-ner. „Wieso", sagt der Düsseldorfer, „mit deinem Rheinauhafen kopierst du Heuchelkölner mich doch bis in die Sprache hinein: durchgestylt, oberste Kate-gorie, absoluter Luxus. Du bist der Furzmann!" Der Schlussgong unterbricht das intime Gespräch, der Kölner bewegt sich mit weichen Knien zu seinem Platz.

Punktestand 10:7 für Düsseldorf

❸ Runde: Wirtschaft. Arbeitest du noch oder
delegierst du schon?

Harte, ehrliche Arbeit gibt es in Düsseldorf nicht.
Zumindest behaupten dies manche Zeitgenossen.
Schreibtischtäter seien sie, Mode- und Werbefuzzis.
Die Ärmel krempeln die anderen auf, die im Ruhrgebiet und in Köln. Sie sind die unermüdlich in der
Milch strampelnden Fliegen. Der Düsseldorfer schöpft
die Sahne ab, dieser Schweinepriester. Richtig ist, dass
es unweit der Kö noch in den Siebzigern mächtig
zischte, krachte und stank. Stahlwerke und Maschi-
nenbaufirmen zogen sich von Lierenfeld im Osten bis
an den Hauptbahnhof. 1970 malochten einundvierzig
Prozent der Beschäftigten im verarbeitenden Gewerbe.
Das hatte mehr was von Ruhrgebiet als von Schickimicki. Die Kö der Proletarier hieß ausgerechnet Kölner Straße und hätte ähnlich trist auch das Arbeiter-
viertel Köln-Ehrenfeld durchschneiden können.
Manchmal zeigen sich Gemeinsamkeiten zwischen
den ungleichen Nachbarn, wo man sie gar nicht vermutet. Auch den schmerzhaften Strukturwandel
gehen beide Industriestädte Hand in Hand. Beiden
brechen wichtige Branchen weg. Die Kölner verlieren
Sparten wie den Maschinenbau, die chemische Indus-
trie, das Bekleidungsgewerbe. Die Düsseldorfer müssen in der Stahlindustrie und ebenfalls im Maschinenbau den Verlust von zwei Dritteln der Arbeitsplätze
kompensieren.

Die Rheinstädte verwandeln sich zu wichtigen Dienst-
leistungszentren ihrer Region. Köln profitiert von der
Nähe zur Bundeshauptstadt Bonn, Düsseldorf baut
den schon sprichwörtlichen Schreibtisch des Ruhrge-
biets aus. Köln stellt sich als Medienmetropole auf,
Düsseldorf legt den Schwerpunkt auf Mode und
Werbung. Bizarrer Höhepunkt des ökonomischen
Wandels ist im Februar 2000 die Metamorphose des
Stahlriesen *Mannesmann* zum Kommunikationsriesen
Vodafone. Anything goes. Seitdem haben der obige
zweit- und der drittgrößte Netzbetreiber (E-plus) von
Mobilfunknetzen in Deutschland ihren Sitz in Düssel-
dorf. Kölns Werbestrategen empfehlen ihre Stadt noch
Mitte der neunziger Jahre selbstbewusst als das „Wirt-
schaftszentrum West" und sehen sie selbstverliebt als
bedeutendstes Wirtschafts- und Industriezentrum von
NRW. Schauen wir mal. Für das Krebsgeschwür des
Strukturwandels, die Arbeitslosigkeit, scheinen die
Düsseldorfer zumindest die besseren Rezepte zu
haben. Köln liegt im Schnitt bei zwölf Prozent
Erwerbslosen, Düsseldorf bei circa neun Prozent.
Das verspricht eine harte Runde.

Zunächst vorsichtiges Abtasten, dieses merkwürdige
Puff-Puff, wenn Boxhandschuhe aufeinandertreffen.
Puff-Puff. Als wäre da keine steinerne Faust drin, son-
dern heiße Luft. Dann hat der Düsseldorfer die heiße
Luft am Kopf und der Dähz klappt zurück wie bei
einer Schießbudenfigur. Der Punsch kommt von den
Kölner Versicherungen. Die Orthopäden im Saal stöh-
nen auf. „Colonia! Colonia!", grölen die Fans. Für die
Kölner ist halt alles kölsch, auch eine Versicherung,

die längst dem französischen Unternehmen *AXA*
gehört. Der Gegner kontert mit *Victoria*. „Sieg! Sieg!",
kommt es unter rhythmischem Klatschen dumpf von
den Düsseldorfer Rängen. Trotzdem lässt sich der Kölner nicht beeindrucken. Er kämpft wie ausgewechselt.
Hat er einen Zwillingsbruder? Die angeschwollene
Augenbraue zeigt aber doch, dass er es gewesen sein
muss, der die letzte Runde durchlitten hat. Unbeein-
druckt marschiert er los und zeigt eine sehenswerte
Trefferkombination. Den Wind der Autoindustrie im
Rücken setzt es linke und rechte Haken in einem fort.
Im Fahrzeugbau sind die Domstädter die Nummer
eins. Die meisten Schläge unterpendelt der Gegner
reaktionsschnell, aber schließlich rauscht ein Cross
mit über zweihundert Sachen in die Düsseldorfer
Fassade. Es scheppert und klirrt, ein Gruß der Autoindustrie mit dem Bums von 23.000 Mitarbeitern. Der
Düsseldorfer torkelt, das Publikum skandiert: „*Ford* ist
Mord!" Ungestüm setzt der Kölner nach, man spürt,
er will den Knock-out. Der brachiale Schwinger saust
aber am Ohr vorbei, weshalb der gleichzeitige Gegenschlag des Düsseldorfers noch härter trifft. Was für
eine Klatsche! Dem Kölner kleben nun 55.000 Mitarbeiter von *Henkel* an der Backe. Auweia! Die Ohrfeige
schleudert ihn in die Seile. Doch gleich rappelt er sich
hoch und dank *Esso* und *Shell* bekommt nun der Düsseldorfer sein Fett weg, zack, zack! Mit dem Thema
Mineralölindustrie läuft es wieder wie geschmiert für
den Kölner. Zwei fettige Volltreffer, signalisieren die
Punktrichter. Der Kölner will nun den Sack zumachen
und rammt seinem Kontrahenten einen Chemiepark
in den Leib. Doch *Knapsack* kommt als Tiefschlag an

(gehört ja schließlich zu Hürth), was den Düsseldorfer laut aufschreien lässt und dem Kölner eine Verwarnung einhandelt. „Noch so ein Ding – Punktabzug!", mahnt ein Ringrichter. Trotzdem johlen die Leute. Was für ein Tempo! Was für eine Show! Den nächsten Haken unterläuft der Düsseldorfer und mit einem Stakkato von Schlägen bearbeitet er die kölschen Innereien.

Er überrollt seinen Gegner mit dem *Daimler*-Sprinter – rums, das ist für Knap! – und mit dem Panzer von *Rheinmetall* quetscht er schmerzhaft die Leber – und das ist für Sack! Rache ist Flönz! Nach dem offenen Schlagabtausch, der für beide Seiten Punkte und Schläge brachte, belauern sich die Gegner eine Weile. Das Gesicht des Kölners wirkt um die Wangen herum aufgespritzt. „Hast 'ne Botox-Fresse", foppt ihn der Düsseldorfer. „Warste auf der Kö?" Hätte er nicht sagen sollen, denn gleich springt der Kölner vor und ist wild entschlossen, die Großschnauz so zu kamesöle, dass es morgen im *Express* steht. Klar, dass der Kölner für diese Tracht Prügel die Medien wählt, denn bei diesem Thema können die Düsseldorfer nur noch die Fäuste hochnehmen. Der Boxer betet, dass Rippen, Bauchdecke und Schließmuskel halten. Zunächst das Trommelfeuer von *WDR, DeutschlandRadio, Deutschlandfunk* und *Deutsche Welle.* Die Punktrichter geben den letzten Treffer nicht, weil er nach Bonn abgewandert ist. Der Düsseldorfer kann Atem holen. Aber wegen der bereits vorhandenen Übertragungsleitungen des *WDR* für die Privaten kommt neue Kraft in die Kölner Fäuste: *RTL, VOX* und *VIVA.* Der besondere Stolz der Kölner Stadtväter bringt den Düsseldorfer schwer in die Bredouille. Rund zehn Prozent der sozialversicherungspflichtig

Beschäftigten arbeiten im Medienbereich. Der Düsseldorfer japst und keucht. Mit dem *WDR*-Landesstudio versucht er einen entlastenden Jap, aber er muss bei solchen Ausflügen aufpassen, sich keinen Blitz von unten einzufangen. Der Kölner ist berüchtigt für seinen Uppercut. Nun sieht auch die Düsseldorfer Visage ziemlich demoliert aus. „Kämpfen!", ruft der Coach. Der zerbeulte Kämpe versucht mit der Werbestadt wieder in den Kampf zurückzufinden und tastet sich mit einem Slogan von *Grey* vor: „Bin ich schon drin?" Tatsächlich findet seine Führhand das Kölner Kinn, ungewöhnlich, da er der Kleinere ist. „Klappt doch! *Kraft* in den Teller, *Knorr* auf den Tisch!" Spitzenplatz unter den Werbemetropolen! „Unsere Messe ist die beste", ruft der Kölner und schlägt auf den Düsseldorfer ein. „Masse ist nicht Klasse!", kontert der Düsseldorfer und verweist auf 369 Millionen Umsatz. „Du schaffst nur zweihundert!"

Die Punktrichter sehen die Landeshauptstadt vorne, doch der Kölner protestiert: „Die haben vierzig und wir siebzig Fachmessen!" Die Punktrichter zucken bedauernd die Schultern. „Komm, flieg mit mir", fordert der Düsseldorfer auf und nimmt den Kölner bei der Hüfte. „Bist du im Wahn?" Hilfesuchend blickt er zum Referee. Doch der lässt laufen. „Nicht Wahn, Lohhausen!" Und, bums, knufft er dem Kölner aus der Halbdistanz einen Klaps auf den Bauch. Der lässt beim abrupten Anspannen der Bauchmuskeln einen fliegen. Punkt für Düsseldorf. „E wie einfach", der linke Haken trifft den Düsseldorfer mitten in die Maske. Nicht hart, aus dem Nichts geschlagen, gilt

aber als Treffer. „Komm, komm, komm!" Der Düsseldorfer ist sauer. „E ist eine Tochter von *Eon!*" Der Kölner ahnt, was kommt, der größte nichtstaatliche Energiekonzern bringt dem Düsseldorfer noch mal richtig Energie. 93.500 Mitarbeiter in Deutschland, 86 Milliarden Umsatz. Jetzt steht der Mann aus der Domstadt mit hoch erhobenen Fäusten in der Ringecke und betet. Er weiß, dass der Radschläger nun mit dem *Metro*-Schwinger kommen wird. Er kennt ja seinen Feind. Ein Einzelhandelsunternehmen mit 122.000 Mitarbeitern und 68 Milliarden Umsatz. „Schätzeken, die zahlen alle Steuern bei uns." Der Kölner kauert sich am Seil zusammen, der Düsseldorfer ist so nah über ihm, dass er den sauren Atem riechen kann. Durch die Deckung findet ein böser Punch ins Ziel und er hört den Düsseldorfer schauerlich ruft: „Schuldenfrei! Und was machst du?" Der Gong entbindet den Kölner von einer Antwort.
Ein Punktrichter sieht Köln vorn, zwei Düsseldorf.

Punktestand 10:9 für Düsseldorf

❹ Runde: Kultur. Was will uns der Künstler damit sagen?

Wenn es nach dem Kunstkritiker Bertram Müller geht, müsste diese Boxrunde gar nicht erst ausgetragen werden. Oder als flotter Dreier stattfinden: Köln-

Düsseldorf gegen Berlin. Denn die Galerie-Szene, in den Achtzigern von Düsseldorf nach Köln abgewandert, wendet sich jetzt vermehrt der Hauptstadt zu. Berlin saugt die rheinischen Talente ab, auch in der Literatur. Ein Plus für das Rheinland sind die Kunstsammler. Die Käufer sind Rheinländer, nicht Berliner. Wichtige Mäzene sitzen hier, ohne die manches Kölner und Düsseldorfer Kunstprojekt nicht möglich wäre. Ein weiteres Argument für die rheinische Region sieht Müller im bürgerlichen Publikum der Landeshauptstadt. Überhaupt flaue der Streit am Rhein ab, behauptet der Kritiker der *Rheinischen Post*. Als Beispiel der Versöhnung nennt er die Shuttlebusse, die seit Jahren zu den jeweiligen Großereignissen der Nachbarstadt fahren, z. B. zur Kunstmesse Art Cologne oder ins museum kunst palast. Die ehemaligen Feuilletonchefs von *Kölner Stadtanzeiger* und *Rheinischer Post*, Rainer Hartmann und Reinhard Kill, plädierten in einem öffentlichen Briefwechsel bereits im Mai 1993 für mehr Zusammenarbeit. Hartmann schwärmt davon, „wie erstaunlich sich Institutionen, Initiativen oder Sammlungen ergänzen". Er nennt die Kunstsammlung NRW und das Museum Ludwig als eine nahezu unübertreffliche Schule moderner Kunst. Kill hingegen mahnt Stukturveränderungen an, kritisiert die „verfetteten" Kulturapparate der beiden Großstädte, sie seien „zu unbeweglich geworden, zunehmend gelähmt von ihrer Anbindung an den öffentlichen Dienst". Für den Boxkampf prophezeit er beiden Theaterstädten ein Unentschieden auf mäßigem Niveau. „Zu vieles misslingt, rechtfertigt die hohen Ausgaben nicht."

Dementsprechend spannungslos beginnt die Boxrunde. Die Jungs umkreisen sich tänzelnd und stochern lustlos mit der Führungshand nach dem Gegner. Sie wollen offensichtlich nur noch spielen. Erste Buhrufe aus dem Publikum. „BAP" macht es plötzlich. Der Kölner hat ansatzlos mit der Führhand zugeschlagen, ein wunderbarer Jab, in Zeitlupe sehen wir, wie sich das Düsseldorfer Gesicht deformiert, Schweiß spritzt. *BAP*, die erfolgreiche Rockband, die nur auf Kölsch singt, ein schlagendes Argument. „Blötschnas!", ruft er dem taumelnden Düsseldorfer nach, setzt mit Seitwärts- und Aufwärtshaken nach, kurz, er bringt das ganze Repertoire seiner Fastelovend-Rocker *Bläck Fööss, HÖHNER, Brings*. Das sieht gut aus, aber selbst die fröhlichen *Brings* bringen keinen weiteren klaren Treffer. Doch den Kölner Fans gefällt's, sie johlen und singen *Mi Hätz dat schlät für Kölle*. Den letzten Schlag unterpendelt der Düsseldorfer und stoppt die Kölsch-Folklore mit einem Heavy-Metal-Haken an die Schläfe des Gegners: „Warlock! Du Sülzkopp!" Und gleich stupst er ihm auch noch die Metal-Röhre Doro Pesch auf die Nase. „Selber Blötschnas!" Der Kölner staunt, weil ihm das jetzt etwas zu schnell gegangen ist. Der Gegner setzt mit einer Ein-zwei-Kombination nach: „*La Düsseldorf* und *Neu*." Die Kölner Ecke protestiert. *Neu*, nie gehört, Schlag unter die Gürtellinie. Doch die Punktrichter belehren, dass *Neu* eine Lieblingsgruppe von Brian Eno und David Bowie war. Trotzdem gibt der Ringrichter den Treffer nicht, da die Gruppe sich bereits 1976 aufgelöst hat. Keine ollen Kamellen! Deshalb auch kein Schlagabtausch zu Gründgens, Stroux und Millowitsch. Schnee von gestern. Aber *Kraftwerk* funktioniert und wie, der Haken hat gesessen, der Kölner taumelt. Der Düsseldorfer setzt mit *Fehlfarben* nach und bei dem Schwinger *Tote Hosen* fliegt dem Kölner der Mundschutz raus, er strauchelt, der Ringrichter zählt ihn an, bei zwei tänzelt er wieder tapfer. Der Mann hat kein Glaskinn. „Kölner Philharmonie", keucht er und reckt trotzig die Faust in die Höhe. Blöderweise hatte der Düsseldorfer nach dem Befinden des Kollegen fragen wollen, weshalb die patriotische Faust ihn krachend am Kinn trifft. Er sinkt in die Knie: „Verdammte Philharmonie!" Er wird angezählt. Aber in der Tat fiedeln die Düsseldorfer seit 1986 immer etwas hinterher. „Größtes festes Ensemble in Deutschland", kontert der Düsseldorfer. „Unsere Sänger sind aber oft besser", schlägt der Kölner zurück. Die Düsseldorfer Ecke protestiert. Alles nur Gastarbeiter! Wir schaffen aus eigener Kraft! Trotzdem wird der Treffer gegeben. „Wagner!", pfeffert der Düsseldorfer zurück und meint die Ringe, die einige für besser halten als manches in Bayreuth. Die Punktrichter wiegen die Köpfe, erkennen den Treffer schließlich mehrheitlich an. Der Düsseldorfer wechselt geschickt das Standbein von Oper zu Ballett. Mit Heinz Spoerli, der die Düsseldorfer Compagnie in die Weltspitze zurückführte, trifft er den Solarplexus seines Gegners. Die nächsten zwei Schwinger sausen ins Leere, da der Kölner ächzend zusammensackt. Aber mit dem Tanzhaus NRW und dem Hinweis auf die neue, erfrischende Opernintendanz von Christoph Meyer demonstriert er seine Überlegenheit im Ring. Nicht lange. Köln schlägt mit Karin Beier zurück. Ein Cross vor die Brust. Das tut weh. Hatte die junge Regisseurin doch

179

exzellente Inszenierungen in Düsseldorf abgeliefert
und dann holt sie 2007 Köln als Intendantin ans
Schauspielhaus. Da hatte die Findungskommission
der Landeshauptstadt mal wieder geschnarcht. Dann
Jürgen Flimms Theaterlust in den Achtzigern, noch
ein Treffer. Düsseldorf kann nur mit Günther Beelitz
in seiner starken Schlussphase punkten. Canaris
bringt immerhin einen Schlag aufs Ohr, da Köln mit
den Krämers und Günthers ziemlich heruntergewirt-
schaftet wurde. Dafür revanchiert sich der Kölner mit
seinen urigen Keller- und Zimmertheatern. Eine
schnelle Abfolge von Schlägen aus der Halbdistanz.
Au-weia! So eine lebendige Off-Szene kennt Düsseldorf nicht. Mit *ZAKK,* dem alternativen Kulturzentrum, kommt die Stadt, zack, wieder aus den Seilen
raus. Und das *Kom(m)ödchen* landet krachend auf der
Kölner Nase. Der Referee unterbricht daraufhin, Blut
wird vom Boden gewischt. Eine Weile belauern sich
die Boxer, fingieren Schläge, ducken sich weg. Aus der
Kölner Ecke kommen Anfeuerungsrufe. Das Publikum schwenkt brennende Feuerzeuge und singt: *Oh,
wie ist das schön!* Mit einem Stakkato von Schlägen
fällt der Kölner unvermittelt über seinen Gegner her.
Der hebt schützend die Fäuste, vernachlässigt dadurch
seine Flanken und prompt rüttelt ein gewaltiger
Punsch das Düsseldorfer Gekröse durch. Der Boxer
schnappt nach Luft, zieht unwillkürlich eine Faust
runter und nun zeigt der Kölner die ganze Qualität
eines Pressure-Fighters. Ein Hagel von Schlägen pras-
selt auf den Gegner ein. Die „vier großen B" bringen
den Düsseldorfer fast um. Eine Gerade reißt den Kopf
des Gegners zurück. „Böll!" Boing macht es. Dann lin-

ker Leberhaken mit „Jürgen Becker", rechte Wange
„Heinz Bender", linker Aufwärtshaken ans Kinn „Rolf
Dieter Brinkmann"! Der Düsseldorfer sitzt plötzlich
auf dem Hosenboden und hört aus weiter Ferne
jemanden das kleine Einmaleins aufzählen. Er ist fünf
Jahre alt und möchte zu Mutti auf den Schoß. Bei sieben fällt ihm ein, wo er ist, bei acht rappelt er sich
hoch. Der Ringrichter gibt den Kampf wieder frei. Mit
Gebrüll stürzt sich der Kölner erneut auf seinen waid-
wunden Gegner, vernachlässigt im Übermut – diese
rheinische Unart – aber die Deckung und bums – hat
er Dieter Forte am Kopf. Den Gegenschlag unterpendelt der Düsseldorfer und legt mit dem Heinrich-
Heine-Museum nach. „Heine gilt nicht", ruft die Kölner Ecke, keine ollen Kamellen! Die Punktrichter
geben dennoch diesen Treffer, wichtiges Literaturinsti-
tut, hat Köln nicht. Auch mit Goethe- und Theater-
museum kann Düsseldorf für die Ehre punkten. Ein
wütender *WDR*-Schwinger wirft ihn gleich wieder in
die Seile zurück. Köln ist im Literaturkampf haushoch
überlegen, vor allem, was die Autorenriege betrifft,
nimmt man Wellershoff und Wallraff noch hinzu. In
dieser Liga können neben Forte gerade noch Peter
Maiwald und Thomas Kling mithalten. Bei den Insti-
tuten holt Köln nur mit dem anspruchsvollen Litera-
turhaus einen Punkt. Aber das literarische Leben
brummt in der Domstadt, wenn es denn brummt.
Hotspot und Event sind auch dort die Vokabeln, die
das literarische Publikum vom Tresen weglocken.
Aber es gibt die, wenn auch etwas pompös inszenierte,
lit.COLOGNE. Dagegen wirkt der Düsseldorfer
Bücherbummel, fulminant gestartet, heute nur noch

181

bieder. Am Ende rettet sich der Düsseldorfer in den Clinch, froh, überlebt zu haben.

Die Umarmung scheint dem Malträtierten wieder Kraft und Hoffnung gegeben zu haben. Mit der Kunstakademie gelingt ihm ein satter Power Punch auf die Kölner Glocke. Der Angeschlagene glaubt, den Gong zu hören, und setzt sich brav in seine Ecke. Der Ringrichter kennt keinen Spaß und verwarnt ihn. Überfallartig geht der Kölner erneut auf seinen Gegner los. Er wählt die Museen, um den Düsseldorfer in die Knie zu zwingen. Er reibt seinem Gegner das Schnütgen-Museum mit seiner Mittelaltersammlung unter die Nase, sogar die Juroren schnalzen mit der Zunge, vor allem wegen des zauberhaft alten Ambientes der ehemaligen Kirche St. Cäcilien. Er wirft ihm das Jahrhunderte umfassende Wallraf-Richartz-Museum an den Kopf. Er knallt ihm das Museum Ludwig mit dreihundertsechzig Werken der Gegenwartskunst vor den Latz. Der Kölner punktet mit weiteren Kunstsammlungen und Gemäldegalerien, der Düsseldorfer stichelt mit Ein-zwei-Kombinationen zurück. K 20 und K 21! Kunst des 20. und des 21. Jahrhunderts, zack, zack! Avangardistische Kunsthalle und opulentes museum kunst palast im schönen Ehrenhof. Das Römisch-Germanische Museum und das Rautenstrauch-Joest-Museum für Völkerkunde kontert der Düsseldorfer mit der einzigartigen Porzelansammlung des Hetjensmuseums und der herrlichen Glassammlung Hentrich. Doch dann geht dem Düsseldorfer die Puste aus, bei den Museen hat der Kölner eindeutig die Nase vorn. Ebenso bei den

Galerien, die in den 60er- und 70er-Jahren eine Düsseldorfer Domäne waren. Bei dem Thema Ateliers
bekommt der Boxer aus der Landeshauptstadt wieder
Oberwasser. Zu den über tausend (beim Kulturamt
eingeschrieben) Künstlern findet Köln keine angemessene Antwort. Der Düsseldorfer hat plötzlich die
zweite Luft. „Hunderte städtisch geförderte Ateliers",
bläut er dem Kölner ein und punktet. Die Stadt als
Durchlauferhitzer für Superidioten und Supertalente!
Der Boxer tänzelt und dreht neckisch eine Pirouette,
eher zufällig trifft er mit der Rückhand den Solarplexus seines Gegners. „Die Kunstakademie ist auch
Korallenfelsen." Fast schon zärtlich haut er den Satz
aufs Ohr. Der dieserart Verfolgte ächzt ein paar Promi-
namen heraus, große Künstler, die in Köln wohnen:
„Ulrich Rückriem!" Sein Gegner weicht aus und lacht.
„Grüß ihn von mir! Gebürtiger Düsseldorfer!" „Sieg-
mar Polke und Gerhard Richter", der Kölner versucht
eine Links-rechts-Kombination. Wieder frohlockt der
Kontrahent: „Alte Bekannte! Die haben 1963 gemeinsam in Düsseldorf ihren Initiationsritus gehabt und in
einem Metzgerladen ausgestellt. Richter zählte hier zur
Szene und war Professor an der Akademie." Der Köl-
ner setzt mit A. R. Penck und Rosemarie Trockel nach.
Der Düsseldorfer langt hin mit Günther Uecker, Klaus
Rinke, Norbert Kricke (der Yves Klein nach Düsseldorf
holte), Gursky sowie Bernd und Hilla Becker. Der
Kölner hält die Fäuste vor das Gesicht und wartet das
Gewitter ab. Aber der Immendorff-Punch rammt
durch die Deckung durch. Und auch der nächste
Haken findet sein Ziel, auch wenn der gespreizte
Lüpertz gerade nach Berlin abgewandert ist. Einen

Koffer hat er immer noch in Düsseldorf. Überhaupt zieht so mancher Große den Honig aus dem kunstfreundlichen Klima der Stadt, so Heinz Mack, wohnt aber in der Region. Apropos Mack: *Zero, Zero!* Da bekommt der Kölner noch einmal Prügel. Buff macht es bei *Zero* in der Kölner Visage und *Eat Art* trifft voll auf die Zwölf. Die Kölner Ecke protestiert erneut, keine ollen Kamellen! Aber die Punktrichter geben zu bedenken, dass die Künstler ja alle noch leben. Daniel Spoerri war Ende 2009 noch in Düsseldorf wegen einer viel beachteten Ausstellung von *Eat-Art*-Objekten in der Kunsthalle. Der Gong hilft dem Kölner aus der Bredouille. Beide Kämpfer schlurfen zu ihren Klappstühlen.

> **Punktestand 10:8 für Köln**

❺ Runde: Gastronomie: Darf's ein bisschen mehr sein?

Erst relativ spät hat Düsseldorf in dieser Disziplin zu überregionaler Klasse gefunden. Eigentlich erst mit dem massiven Zuzug qualifizierter Arbeitskräfte im 18. und 19. Jahrhundert. 1481 musste der jülich-bergische Herzog für seine Hochzeitsfeierlichkeiten noch nach Köln ausweichen, in seiner Residenzstadt gab es keine angemessene Örtlichkeit. Peinlich. In der Renaissance kauften die besseren Kreise Düsseldorfs noch auf dem Alter Markt in Köln ein. Auch Jan Wellem ergänzte seine vermutlich bereits mediterran angehauchte Küche mit Köstlichkeiten aus der „heiligen Stadt" am Rhein. Das ist vorbei.

Gastronomiekreise setzen das Angebot des Düsseldorfer Carlsplatz ganz weit vorne an. „So was wie *Schier und Sohn* ist nicht nur im Vergleich mit Köln, sondern bundesweit einmalig", mailt mir der Feinkosthändler Ralf Bos zu. Ein klarer Treffer also, knallhart auf die Nase gesetzt. Köln jault auf und müsste nun kommen. Tatsächlich kontert der Domstädter mit einer aggressiven Folge von Schlägen: vielseitige Kneipenszene à la Kwartier Latäng – zack!, urige Uni-Kneipen, wie sie Düsseldorf nicht kennt – zack!, überhaupt ältere Südstadt-Szene und viel, viel mehr Brauhäuser – zack! Zack! Düsseldorf steht mit erhobenen Fäusten in der Ecke und bemüht sich um Schadensbegrenzung. Dann kommt die Landeshauptstadt schwer keuchend aus der Ecke raus: Längste Theke der Welt – zack! Die neue Szene im Hafen – zack! Das bessere Bier – zack! Die Kölner Ecke moniert Tiefschlag und wittert einen Extrapunkt, der Referee, ein Münchner, schüttelt den Kopf. „Das bessere Bier hat Düsseldorf." Ein irischer Punktrichter, John Sheahan von den Dubliners, pflichtet bei: „Das ist doch das Dunkelbier, das es hier gibt, oder? Das schmeckt sensationell. In Köln ist das Bier etwas zu leicht für meinen Geschmack." Punkt also für Düsseldorf. Nun schlagen sich die zwei um die besten Hotels, gleichauf in der Innenstadt, vom Niveau her nur gehobenes Mittelmaß, aber Köln setzt einen Aufwärtshaken ausgerechnet mit dem Grandhotel Schloss

Bensberg – immerhin kann man von hier den Kölner Dom sehen. Der Düsseldorfer schüttelt benommen den Kopf. „Das hat Jan Wellem bauen lassen", protestiert er. „Weggegangen, Platz vergangen", ruft der Kölner triumphierend. „Dann will ich Schloss Hugenpoet", protestiert sein Gegner. Der Ringrichter winkt ab, Hugenpoet bleibe bei Essen-Kettwig, der Punkt geht an Köln, basta. „Okay", sagt der Düsseldorfer, „bevor ma uns kille, pitsche ma noch eene." Ehe sichs der Kölner versieht, ist er unter der Deckung durchgetaucht und schlägt aus der Halbdistanz eine Ein-zwei-Kombination auf Leber und Milz: „Killepitsch! Bergrather Senf." Ein paar Kölner im Publikum pfeifen. Doch der Referee lässt weiterkämpfen und die Punktrichter nicken anerkennend. Vor allem der ABB-Mostert ist dem Kölner Senf der historischen Mühle turmhoch überlegen. Punkte für Düsseldorf. Dann muss der Referee höllisch aufpassen, dass ihm der Kampf nicht aus dem Ruder läuft, da wird geklammert und auf die Füße getreten, dass es eine wahre Freude ist. Es geht um die Spitzengastronomie. Am Ende führt Düsseldorf knapp mit sechs Topeinträgen und insgesamt acht der begehrten Michelin-Sterne. Köln bringt es auf fünf Superadressen mit zusammen sechs Sternen. Erschöpft liegen sich beide Kämpfer in den Armen. „Le Moissonnier", haucht der Kölner. „Im Schiffchen", flüstert der Düsseldorfer und versucht einen Leberhaken mit dem deutschen Koch Peter Nöthel. Der Kölner echot: „Pöthel!" „Pöthel?" Der Ringrichter mahnt mehr Ernst an. „Pöthel" gibt es nicht. Der Kölner muss über seinen eigenen Witz lachen, weshalb er die Deckung vergisst und einen Schlag auf die Stirn erhält.

„Bos Food" heißt der Treffer. Der Kölner rafft sich noch einmal auf, es reicht aber nur noch zu einem geborgten Wischer, „Frischeparadies in Hürth". Dann erlöst beide der Gong.

┌─────────────────────────────────────┐
│ Punktestand 10:9 für Düsseldorf   │
└─────────────────────────────────────┘

Während unsere Ringkämpfer eine Pause verdient haben, gönnen wir uns einen kurzen Blick auf den Bierkampf:
Die Brauerei Früh fing mit dem Streit an. „Jetzt auch in den wichtigsten Dörfern rund um Köln", hieß ein charmanter Werbeslogan, der auch auf Plakaten in Düsseldorf zu sehen war. Doch im Februar 2010 wurde es dem Werbefachmann Torsten Heinson aus Erkrath zu bunt. Eine geleerte Kölsch-Stange, daneben der Text „Bevor es Alt wird", hatte den Fan des dunklen Gerstensafts zum Schäumen gebracht. Der Werbemann startete mit seinen Kollegen von der Agentur Wunderknabe eine Gegenkampagne. Die originellen Sprüche sind zurzeit im Internet unter „Alt knallt" zu besichtigen und sollen ihren Weg auch auf öffentliche Werbeflächen finden. Da sieht man beispielsweise das gegerbte Indianergesicht von Konrad Adenauer und daneben die Frage: „Schon mal was von einem Kölsch-Kanzler gehört?" Der Erkrather beklagt sich über die lasche Haltung der Düsseldorfer: „Altbier hat einfach keine Lobby, die Düsseldorfer nehmen es hin, dass immer mehr Kölsch und immer weniger Alt

getrunken wird." Mit dem Eigelstein könne sich sogar seit Jahren eine Kölsch-Kneipe im Hafen durchsetzen. *(Rheinische Post, 19. Februar 2010)* Aber so sind sie halt, die Landeshauptstädter, zum Lokalpatrioten fehlt ihnen die Begabung. Doch wenn manche Kölner behaupten, ihr Getränk sei traditionsreicher als das Alt, dann müssen einfach mal Fakten sprechen. Bis ins späte 19. Jahrhundert schenkten die Brauhäuser ein obergäriges Bier aus, das dem Altbier ähnelte. „Fotos aus Kölner Brauereien vor 1892 zeigen deutlich die dunkle Farbe des damaligen Kölner Biers", schreibt Genno Fonk in *Altbier im Alltag*. Aber dann kamen die untergärigen Biere auf den rheinischen Markt und fanden, nicht zuletzt wegen der hellen goldgelben Farbe, schnell Zuspruch. Die helle Farbe erinnerte an Wein und galt als etwas feiner. Weshalb clevere Braumeister ihr obergäriges Bier blondierten, indem sie Weizen zum Braumalz gaben und dieses schwächer rösteten. Ungefähr zu dieser Zeit wurde es auch modern, warm zu duschen, weshalb kraftvolle Aromastoffe nicht mehr dem Zeitgeschmack entsprachen. Weich und lieblich sollte nun alles sein. In einer Dormagener Hausbrauerei wurde 1892 das erste Kölsch ausgeschenkt, wie wir es heute kennen, hieß aber noch Kölsch Wieß. Das heißt, die Kölner haben ihr berühmtes Bier nicht mal selbst erfunden, sondern flott aus Dormagen übernommen. Aber schlau wie die Domstädter sind, gelang ihnen Anfang des 20. Jahrhunderts der Schachzug, den Namen Kölsch für alles helle obergärige Bier patentieren zu lassen. Da hat der Dormagener Braumeister aber dumm aus der Wäsche geschaut. Auch das Alt wurde als Begriff erst ab 1950

Bestandteil von Markennamen der Altbierbrauereien. Aber das Bier wird weiterhin nach der althergebrachten Brauweise und den traditionellen Rezepturen hergestellt, so wie es im Uerige, im Füchschen und überhaupt am Niederrhein Brauch ist. Die volkstümlichen Kölner also haben sich mit ihrem Bier dem feineren Zeitgeist angepasst, wohingegen die feineren Düsseldorfer dem Lieblingsgetränk der einfachen Leute treu blieben. Zusammengefasst könnte man also sagen: Kölsch ist ein Alt, das so tut, als wär's ein Pils. Bei Kölnern und auch Frauen soll es sehr beliebt sein.

❻ Runde: Bildung. Denken hilft zwar, nützt aber nichts

Albertus Magnus ist der Größte. Der Schwabe war ab 1248 Lesemeister und Leiter der Ordenshochschule der Dominikaner, mischte sich sogar mit berühmten Schiedssprüchen in die Politik ein. Albert machte Köln zum wissenschaftlichen Nabel der Welt. Europas Elite reiste an den Rhein, um mit dem stupend belesenen Denker über die Bedeutung des Aristoteles für die Kirche zu disputieren. Erst Alfred Biolek sollte es nach ihm wieder gelingen, die Welt nach Köln zu holen. Vermutlich hätten aber Thomas von Aquin oder

Ulrich von Straßburg nicht an einer seiner Kochsendungen teilgenommen. Auch der große Philosoph Nikolaus von Kues wohl eher nicht, obwohl er die Weine der Mosel schätzte. Kölns 1388 gegründete Uni profitierte von der Rom-Konnektion. Die Kirche wollte ihren Glauben wissenschaftlich erden, dazu brauchte es intellektuelle Knechte. Das „hillige Coellen" war nach Paris die wichtigste Gottesbeweisanstalt. Düsseldorf brachte es erst mit einer funktionierenden Hofgesellschaft zu angesehenen Bildungsanstalten, die aber schon humanistisch angehaucht waren. Mitte des 16. Jahrhunderts entstand es unter dem Mettmanner Konrad Heresbach zu einem Gymnasium für Adlige und Höhergestellte, das bis zu dreitausend Schüler auf ein Studium in Köln vorbereitete. Hier kam es vermutlich zu einer ersten ideologischen Auseinandersetzung zwischen beiden Städten. Napoleon betrachtete die Uni, die selbst in der Juristerei vor allem das Kirchenrecht lehrte, als höhere Bibelschule und machte die Einrichtung 1798 dicht. Davon profitierte Bonn. Auch für Düsseldorf plante der französische Kaiser eine Uni, die im Schloss beherbergt werden sollte. Die Kriegswirren verhinderten diesen Plan. Was wäre das für ein Studentenleben geworden mit Ausblick auf die längste Theke der Welt! 1907 kam es unter Kaiser Wilhelm immerhin zu einer Akademie für praktische Medizin. Köln wurde erst 1919 wieder Universitätsstadt.

Zu Wissenschaftshochburgen haben es beide Rheinstädte nicht gebracht. Weil sich die Düsseldorfer zu lange auf die Anstalt in Köln verließen, die sich aber

nur als treue Magd Roms verstand. In diesem Mief
orthodoxen Denkens konnte keine spannende Wissenschaft entstehen.

An beiden Boxern sieht man nun deutliche Kampf-
spuren. Dem Düsseldorfer musste in der Pause das
linke Ohr notdürftig angetackert werden. Eine Augenbraue des Kölners ist böse zugeschwollen, das müssen
wir beobachten. Erneut nutzt der Domstädter seine
Führhand, um den Gegner zu ärgern. Immer wieder
gelingen ihm mit der Linken kleine, stechende Jabs
auf Stirn und Jochbein. Keine tödlichen Schläge, aber
schmerzhaft und demütigend. „Fachhochschule" heißt
die erste abrupt geschlagene Gerade. Gegen 68.400
Studenten findet der Düsseldorfer keine angemessene
Antwort. Seine 25.402 Studenten landen in der Kölner
Deckung. Zack, hat der Düsseldorfer wieder einen
Blötsch an der Nase: Deutsche Sporthochschule. Und
einen Atemzug später plättet die Kunsthochschule für
Medien sein Jochbein. „Abducken!", ruft ihm die Düsseldorfer Ecke zu, was der Boxer aber nicht hören
kann, da die Staatliche Hochschule für Musik als Seit-
wärtshaken aufs Ohr donnert. Der Düsseldorfer taumelt zurück und hält schützend die Fäuste vor den
Kopf. Mit der Katholischen Fachhochschule versucht
der Kölner den Druck zu erhöhen, trifft aber den
Hinterkopf seines Gegners. Der Schiedsrichter pfeift
ab und ermahnt den Kölner zur Fairness. Die Halle
tobt, der Knockout liegt förmlich in der Luft. Nichts
hat Düsseldorf an Bildung entgegenzusetzen. „Nu
komm, du Bangendresser", ruft ihm der Kölner zu
und tänzelt um den Angeschlagenen herum. Der

schlägt unvermittelt einen Aufwärtshaken, der das Kinn des Kölners, aber nur unsauber trifft: Robert-Schumann-Hochschule. Und da der Kölner so perplex ist, trifft ihn die Clara-Schumann-Musikschule auf der Augenbraue. Die fängt erneut zu bluten an. Pfiffe und Gejohle im Saal. Die Boxer umkreisen sich nun lauernd. Dann unterpendelt der Düsseldorfer die Führungshand seines Gegners und setzt aus der Halbdistanz einen Haken auf die Leber. Die Kunstakademie hat gesessen. Der Kölner krümmt sich weg und geht auf Distanz. Sie stehen sich nun abwartend gegenüber und versuchen, mit Oberkörperbewegungen den Gegner zu irritieren. Mit der Führhand sticht der Kölner schließlich durch die Deckung des Düsseldorfers und setzt mit der rechten nach. Der Haken donnert erneut ans Ohr, dem Düsseldorfer vergeht Hören und Sehen. Es ist die Uni mit 44.240 Studenten. Der Düsseldorfer zieht es vor, in den Clinch zu gehen. Der Kölner versucht den Klammeraffen mit Haken auf die Innereien loszuwerden. Aber der Düsseldorfer hält fest. Mal wieder rettet ihn der Gong.

Punktestand 10:9 für Köln

Düsseldorf ist keine Sportstadt, so wird es immer wieder kolportiert. Im Fußball kann das nicht so stimmen, die Fortuna wurde 1895 als *Turnverein Flingern* gegründet und entwickelte sich zu einem der ganz großen deutschen Traditionsvereine. Gut, Fortuna liegt heute in der ewigen Tabelle auf Platz 17 und der 1. FC Köln auf Platz 7. Aber der Kölner Profi-Fußball kam ins Leben, wie man sich das klischeehaft für Düsseldorfer Vereine vorstellt, nämlich aus der Frankenstein-Küche. Da wurden zwei kleinere Vereine 1948 – nicht ganz gewaltfrei – fusioniert, um einen aus sportlicher sowie wirtschaftlicher Sicht attraktiven Verein für Köln zu schaffen. Ausgerechnet die Düsseldorfer Fortuna ist ein echter Arbeiterverein mit eigentlich kommunistischer Vergangenheit. In Arbeitervierteln Düsseldorfs wählte man lange dunkelrot. Zur Freizeitbeschäftigung der Ur-Flingeraner gehörte es auch, die Altstadt aufzumischen, um den Touristen zu zeigen, dass es auch ein anderes, ein echtes Düsseldorf gibt. Vielleicht sind Fortuna-Fans deshalb bis heute so berüchtigt.
Auch die DEG ist ein ziemlich altes Mädchen, 1935 geboren. Das Eisstadion an der Brehmstraße war nach Berlin und München das drittgrößte in Deutschland. Seit 1936 gibt es zwar auch den Eishockeyclub in Köln. Der EK spielte aber nur in den unteren Klassen. Die *Kölner Haie,* übrigens ein starker Name, kamen erst durch eine Abspaltung vom KEK zustande, 1972. Die uralte Stadt Köln hat sportlich keine große Tradi-

tion, die bis ins Heute reicht. Das mittelalterliche
Federspiel ist out.

Nirgendwo findet die Rivalität zwischen den beiden
rheinischen Städten so viel Stoff und so viel Anklang
wie im Sport. Die Boulevardpresse schlachtet genüss-
lich jede Niederlage der gegnerischen Mannschaft aus.
Aber hoppla! Nach der Meldung, dass die *Kölner Haie*
kurz vor dem Konkurs stehen, bot die Düsseldorfer
Geschäftsstelle ein Benefizspiel im ISS Dom an. Düsseldorfer lassen sich kostenlos von Kölnern für die
Kölner Kasse verprügeln. Wenn auch nicht umsonst.
Die Domstädter mögen doch bitte, bitte im Spiel bleiben. Sonst hat man ja nur noch Krefeld und Berlin,
mit denen die Bude voll wird.

Der Düsseldorfer kommt raus und schlägt drauflos.
So eine Runde wie die letzte will er nicht noch mal
erleben. Der Kleine macht den Pressure-Fighter, der
Lange wundert sich und duckt sich weg. Bums, hat
der Kleine einen auf der Nase. Der Lange hat einfach
längere Arme. FC Köln ist stärker. Der Düsseldorfer
schlägt tapfer zurück: „Zuschauerzahlen!" Die Kölner
Ecke protestiert, der Treffer gelte nicht. Die Juroren
stecken beratend die Köpfe zusammen. Doch, die
Düsseldorfer haben mehr Zuschauer in der Zweiten
Liga als Köln in der Ersten, trotz Podolski. Die Kölner
Ecke findet sich mit der Entscheidung nicht ab und
wütet. Ihr Boxer ist irritiert. Düsseldorf trifft mit
Timo Boll das Kinn des Kölners. „Wat denn dat
denn?" „Weltklasse", haucht der Düsseldorfer zurück.
Keiner im Kölner Team weiß, was Timo Boll macht.

Aber alle Chinesen wissen es: Tischtennis. Der Kölner haut dem Düsseldorfer eins auf die Ohren. Immer diese Ohrfeigen! Basketball! Ja, gut, da sind die Düsseldorfer nicht dabei und die Kölner gut. „Wir produzieren Nationalspieler", spricht der Kölner und tändelt stolz. Dann stochern sie wieder fast schon lustlos herum, unsere zwei rheinischen Boxer. Bums, macht der Düsseldorfer und wischt am Kopf des Kölners vorbei: „Handball". Vielleicht ist der Kampf schon zu lang. Jedenfalls wird er ungenau. Rumps, ist die Kölner Faust in der Düsseldorfer Schnauze. Der Kölner heißt auch „der Blitz". Aber ausgerechnet bei American Football zu punkten, wurmt den Düsseldorfer schon. Weil er ganz süße Cheerleader hat. „Hab ich auch", sagt der Kölner rau (er raucht nämlich noch). „Kenne mer doch von unsere Funkemarieche." Der Düsseldorfer schlägt sofort zurück, ohne Rücksicht auf die Deckung, und er trifft die Kölner Fresse: DEG. Der Hüne schüttelt sich und haut zurück. Es kommt zu einem offenen Schlagabtausch. Sie hauen sich gegenseitig acht Meisterschaften um die Ohren. Dem Publikum gefällt's. *Unser Hätz schlägt för de Kölner Haie!*, rufen die einen. Und die anderen singen in der *Toten-Hosen*-Manier zurück: *Ich bin so froh, dass ich kein Kölner bin.*

Riesenstimmung beim **Punktestand von 10:10**

❽ Runde: Promis. Zeig mir deine Stars und ich sag dir, wer du bist

Residenzstädter brauchen ein dickes Fell. Vor allem Düsseldorfer. Über Jahrhunderte sammelte sich heimlicher Groll gegenüber dem Sitz der Regierung an, weil die umliegenden Gemeinden für die Befestigung der Stadt mit zur Kasse gebeten und teilweise auch zur körperlichen Arbeit verpflichtet wurden. Erschwerend kam hinzu, dass Düsseldorf wegen politischer Querelen die Schutzaufgaben gegenüber dem Umland oft nur ungenügend wahrnehmen konnte. Ein Herrscher aber, der erst Schutzgebühren kassiert und dann die rheinisch-bergischen Bürger im Regen stehen lässt, der ist herzlich verhasst. Alles Schwarze wünscht man so einem an den Hals. Und wer zu schwach zum Morden ist, der wählt halt den Rufmord. Und so sind die teils gereizten Äußerungen des Umlands oft nickelige Revanchefouls für früher erlittenes Unrecht. Verblüffend finde ich aber, dass auch solche in den Chor der Gekränkten mit einstimmen, die niemals Schüppendienste für Düsseldorf leisten mussten. Da erfüllt die Stadt plötzlich die Funktion einer „Bad Bank". Meine Habgier und Oberflächlichkeit gebe ich an die Stadt ab und bin damit selbst frei von derart schlechten Neigungen. Wer Düsseldorf herabwürdigt, outet sich als volksnaher, tiefsinniger, das Statusgehabe verachtender Zeitgenosse. Die Botschaft lautet: Ich bin zwar reich, brauche das alles aber nicht. Nutzt Herbert Grönemeyer die Vorteile einer „Bad Bank", wenn er

fragt: „Wer wohnt schon in Düsseldorf?" Der Welt-
künstler Günther Uecker scheint für Grönemeyer ein
Niemand zu sein. Harald Schmidt lebte als Ensemble-
mitglied des *Kom(m)ödchens* vergnügliche fünf Jahre
in der Stadt. Danach ging er zum Fernsehen, um eine
Berühmtheit zu werden. Der Schauspieler Jürgen
Prochnow, ein Freund Grönemeyers, begeisterte über
Jahre das Publikum des Schauspielhauses. Prochnow
ist immerhin in Düsseldorf aufgewachsen. Nach dem
Film *Das Boot* rief ihn Hollywood. Prochnow lebte
danach, wenn er mal in Europa war, am Starnberger
See. An diesem himmlischen Ort wohnen viele Promis. Brummt deshalb dort der Bär?

Das Prominenten-Ranking erscheint mir insgesamt
so aussagekräftig für die Kreativität einer Stadt zu sein
wie das Lesen der Zukunft im Gekröse eines Ochsen.
Zumal es fast stets um Medienpersönlichkeiten geht.
Davon profitiert Köln, weil den Biolek selbst der kleine Moritz kennt. Schon bildende Künstler spielen
kaum noch eine Rolle, zu schweigen von exzellenten
Wissenschaftlern. Wer kennt noch den Erfinder der
Herz-Lungen-Maschine Ernst Derrra, Herzchirurg an
der Uni-Klinik Düsseldorf? Wer weiß, dass der Nobelpreisträger für Medizin Werner Forßmann über viele
Jahre im Evangelischen Krankenhaus der Landeshauptstadt arbeitete? Oder kennt jemand den Physiker
Peter Andreas Grünberg, ebenfalls Nobelpreisträger,
der von 1992 bis 2004 an der Uni Köln forschte? Der
Soziologe Erwin Scheuch mag tatsächlich noch einigermaßen bekannt sein. Aber gegen Hella von Sinnen
kommen die alle nicht an.

Die Trainer haben mächtig auf ihre Kämpfer eingeredet. „Keinen offenen Schlagabtausch mehr", hat der Düsseldorfer seinem Zögling zugerufen. Und der Kölner wurde ermahnt, die Rechte gezielter einzusetzen. „Mit dem Cross kriegst du ihn nicht!" Das Publikum singt währenddessen die regionale Hitparade rauf und runter. Internationale Beobachter sehen bis zur siebten Runde keine Partei vorne. Eine Situation, die für den favorisierten Kölner unangenehmer sein müsste als für den Düsseldorfer. Wieder stichelt der Kölner mit der langen Führungshand, der Gegner versucht zu unterpendeln. Dann schlägt der Lange ansatzlos einen Haken und trifft den pendelnden Düsseldorfer seitlich am Kinn. Der Schlag kommt von Stefan Raab, gebürtiger Kölner, eine Riesennummer und ein Riesenhaken. „Schlag den Düsseldorfer", rufen die Kölner Fans verzückt und beobachten, wie der Gegner rückwärtsstrauchelt und strauchelt und schließlich in die Seile schlägt. Gleich legt der Kölner mit Guido Cantz nach, der reicht für einen schmerzhaften Leberhaken. „Wer ist Guido Cantz?", fragt der Düsseldorfer atem- und ratlos. Was der Kölner nun überhaupt nicht begreifen kann. Weshalb er völlig aus dem Konzept kommt, den Düsseldorfer um die Schulter nimmt und ihm einen Witz von Guido Cantz erzählt. „Hab ich neulich einen Düsseldorfer getroffen. (Pause) Ist der ganz langsam die Motorhaube runtergerutscht. Von wegen die sind sauber. Das Schwein hat mir die ganze Windschutzscheibe versaut. Alles voller Blut." Der Kölner kann sich nicht mehr halten vor Lachen. Die halbe Arena lacht mit, die andere Hälfte pfeift. Der Schiedsrichter unterbricht und ermahnt den Kölner, bei der Sache zu bleiben.

Beide Boxer umkreisen sich wieder. Dann versucht der Kölner eine abrupt geschlagene Gerade mit Schramma, die geht aber völlig daneben. Wuff! Gerhard Richter donnert auf das geschwollene kölsche Auge. So filigran der Mann das Fenster im Kölner Dom gestaltet hat, so knorrig ist seine Kommunikation. Die Augenbraue des Kölners blutet wieder. „Was soll das?", ruft er. „Der gehört zu uns, Ehrenbürger von Köln." Bums, schlägt er dem Düsseldorfer auf die Blötsche, die auch zu bluten beginnt. Der Schiedsrichter unterbricht und fragt die Jury, wem denn nun Richter gehöre. „Seiner Familie", sagt ein Juror. Die Arena lacht. Nach kurzer Beratung gibt die Jury bekannt, dass beide Schläge gelten. Begründung: In Düsseldorf habe Richter sein Handwerk gelernt, wäre viele Jahre Professor gewesen, habe dort ein Atelier gehabt.

Am Fall Richter zeigt sich der Unsinn, Promis für sich zu vereinnahmen. Wobei die Kölner mit der Ehrenbürgerschaft ausgesprochen besitzergreifend Tatsachen schaffen. Der Kölner triumphiert in die Runde, was ihm den nächsten Schlag versetzt. Der kommt von Hape Kerkeling. Da der Knuff schon wieder aufs Auge geht, blutet der Domstädter so langsam wie ein Düsseldorfer, der von einer Kölner Motorhaube rutscht. Die Kölner Zuschauer und die Trainer buhen und protestieren. „Kerkeling und Düsseldorf noch nie gehört!" Die Düsseldorfer Ecke feixt. Der Schlag sitzt. Hape Kerkeling hatte eine Behausung gleich beim Schlossturm. Da durfte er unbehelligt leben. Selbst der *Express* verplapperte sich nicht. Promis leben in Düsseldorf oft leise. Campino ist laut, Niedecken auch, puff, puff.

Der Kölner sieht nicht mehr richtig, der Düsseldorfer
blutet aus der Nase. Deshalb sieht der Kölner auch
nicht den Schwinger aus der Halbdistanz kommen.
Mario Barth wird ja gerne unterschätzt. Der Kölner
stürzt zu Boden und fasst es nicht. Dass ausgerechnet
Kumpel Barth mit dem Klassenfeind gemeinsame
Sache macht, das grenzt an Hochverrat. Der Ringrichter zählt den Kölner an und bricht dann den Kampf ab.
Er geht zur Jury und erklärt seine Entscheidung. Der
Gegner sei nach seiner Einschätzung aufgrund einer
durch regulären Kampfverlauf erlittenen Verwundung
nicht mehr in der Lage, den Kampf fortzusetzen.

Die Jury verkündet das Urteil:

Sieg für Düsseldorf durch technisches K.O.

Riesiges Pfeifkonzert der enttäuschten Fans. Die Kölner
wollen sich mit dem Urteil nicht abfinden und werfen
mit Sitzkissen. Der Düsseldorfer lässt sich in der Mitte
des Rings feiern, wobei sein lädiertes Ohr wieder
herunterklappt. Helfer stopfen ihm, während er die
Fäuste reckt, Tampons in die Nase. Der Kölner wird in
der Ecke an der Augenbraue getackert. Beiden werden
die Boxhandschuhe abgezogen. Der Düsseldorfer geht
in die Kölner Ecke und zieht den Kollegen in die Mitte.
Riesiges Getose der Menge. Arm in Arm lassen sie sich
feiern. Schwer überprüfbar, wer zuerst die Idee hatte,
aber es kommt zum Trikot-Tausch. Der Kölner zieht
die Bossjacke an und der Düsseldorfer die Fallschirmseide. Getrampel und Gepfeife. Da stehen der Kölner
und der Düsseldorfer ziemlich zerbeult nebeneinander.
Und so wie sie da stehen, sehen sie aus wie Clowns.

NACHLESE
IN DER GARDEROBE

➡ Düsseldorfer und Kölner trinken ein Bier zusammen. Als Kompromiss gilt ein herbes Kölsch, aber bitte vom Fass! Während der Köbes rumgeht, übrigens ein Düsseldorfer, der wegen seines Schnorres wie ein Kölner aussieht, fordert der Kölner Trainer Revanche.

Der Herr der Ringe, Klaus-Peter Kohl, findet die Idee attraktiv. „Köln-Düsseldorf funktioniert immer", sagt der Boxpromotor, der kürzlich fünfundsechzig wurde. „In spätestens zwei Jahren treffen wir uns", schlägt der Kölner vor. „Dann sind unsere Flanken abgedeckt. Kein Kölsche Wisch mehr, alles normal. Mit Norbert Rüther schaffen wir das." „Okay", sagt die Düsseldorfer Truppe. „Dann bessern wir auch noch nach." Der Galerist Helge Achenbach tritt auf und ruft: „ Aber nicht noch mehr Schickimickisierung! Ein bisschen mehr Strandparty täte uns gut!" Achenbach verlor 2006 seine fröhliche Vergnügungshalbinsel im Hafen an einen Investor, der auf den Sand einen postmodernen Hotelturm baute. Dem Ausruf Achenbachs schließt sich der Autor gerne an. Wobei die Vertreter von Stadtplanung und Kulturpolitik ruhig mal wieder über den Tellerrand blicken sollten. Diesmal nach Hamburg. Dort wehrten sich zweihundert Künstler mit der Besetzung eines historischen Altstadtensembles gegen eine geldgesteuerte Sanierung ihres Gängeviertels. Die Künstler warfen in einem Manifest dem Senat vor, Kultur überhaupt nur zu fördern, um dem Standort Hamburg attraktivere Kulissen zu verschaffen, und die Künstler als bunte Werbemaskottchen zu benutzen (nachzulesen bei Hanno Rauterberg, in der *ZEIT* vom 19. November 2009). So ähnlich könnte dies auch ein Manifest für Düsseldorf formulieren. Obwohl diese Stadt zugegeben mehr Atelierraum zur Verfügung stellt als die doppelt so große Hafenmetropole. Nun will Hamburg den historischen Stadtteil vom abrissfreudigen Baukonzern Hanzevast (hört sich an wie Ratzfatz) für 2,6 Millionen Euro zurückkaufen. Was im bilanzkühlen Hamburg als Wunder gilt. Der Erste Bürgermeister Ole von Beust outete sich gar als schwärmerischer Romantiker: „Ein Areal unbeplant zu lassen, finde ich eine faszinierende Idee." So ein Satz wäre nie aus dem Mund von Joachim Erwin gekommen. Aber vielleicht ringt sich ja sein Nachfolger zu so einem Traum durch. Es muss ja nicht gleich das Grünland von Tabaluga sein. Es reichte ja schon, Dieter Fortes Ermahnung ernst zu nehmen, „weniger Handy-Stadt und mehr Heine-Stadt sein" zu wollen. Zurzeit sieht es nicht so aus. Lifestyle-Türme müssen errichtet werden. Song Contest und Kö-Bogen, Premium-Run, wohin du schaust. Sansibar ist wunderbar. Das ist clever, das ehrt, aber dem Bürger ist nicht geholfen. Was hat ein Rockmusiker davon, wenn er durch die gläserne Markthalle am Kö-Bogen flaniert und gerade einen Bunker verloren hat. 10 Millionen Euro gab Düsseldorf für den SC-Trallafitti aus. Den 300 Bands in Düsseldorf fehlen massiv Probenräume. Die Heavy-Metal-Band Callejon berichtet, dass sie nach Ratingen und Köln ausweichen musste. Da drängt sich doch die Frage auf, in welchen Bereichen Düsseldorf eigentlich reich sein will. Eins ist klar: Die Stadt wird steril wie ein Operationssaal werden, wenn sie den Kreativen ihre Schmuddelecken nimmt. Es kann sich nicht alles rechnen. Nur wo Bakterien keimen, gärt es auch. In Köln schmuddelt es vielleicht zu sehr, in Düsseldorf etwas zu wenig.

Jetzt kommt auch noch Kajo Trottmann in die Garderobe. Er hatte für den Boxkampf eine Ehrenkarte erhalten. Trottmann raucht Pfeife, obwohl das Rauchen in der Garderobe verboten ist. Niemand regt sich auf. „Ihr werdet euch ähnlicher“, sagt er und erschreckt damit die ganze Runde. Er sähe einen Wandel auf uns alle zukommen. Düsseldorf werde schmuddeliger, Köln reinlicher. „Die langen Linien scheinen auszulaufen.“ Trottmann nennt als Beispiel die Freitreppe neben dem Schlossturm in Düsseldorf, wo täglich tausend Freaks im öffentlichen Raum aus der Flasche trinken und ihre Hunde entlausen. Das wäre bis in die fünfziger Jahre nicht passiert, behauptet er. „Dieses *Das tut man nicht* ist vorbei.“ Was aber eigentlich auch kein schöner Gedanke ist. Köln und Düsseldorf ohne Ecken und Kanten, nur noch zwei Würstchen im rheinischen Einerlei. ∎

WANN WAR WAS WO?

Der launige Auszug
einer Zeittafel

Düsseldorf	Zeit	Köln	Und sonst
	Um 800	Hildebold wird erster Erzbischof im neu gegründeten Erzbistum Baubeginn des karolingischen Doms	
Gründung des Kanonissenstifts Gerresheim	**Um 870**		
	873	Weihe des Doms	
	953	Erzbischof Brun (der Bruder König Ottos I.) erweitert zum ersten Mal die Stadt. Mit ihm beginnt die weltliche Herrschaft der Erzbischöfe	
Der Hof Kaiserswerth wird zur Kaiserpfalz ausgebaut	**Um 1045**		
	1074	Der Aufstand gegen Erzbischof Anno II. wird von Neuss aus blutig niedergeschlagen	
	1133	Adolf II. von Berg beginnt mit dem Bau von Burg Neuenberg (Schloss Burg). Sowohl Bruder Bruno als auch Sohn Friedrich werden Erzbischöfe	
Zum ersten Mal taucht die Stadt in Urkunden auf	**1135**	Da wird in Köln schon erstmals das Rathaus genannt – das älteste in Deutschland	
	1149	Frühste überlieferte Verleihung eines Zunftordens	
	23.07.1164	Erzbischof Reinald von Dassel bringt die Gebeine der Heiligen Drei Könige in die Stadt	
	1216	Der Stadtrat tritt in Erscheinung	
	15.08.1248	Erzbischof Konrad von Hochstaden legt den Grundstein zum gotischen Dom	
	1248	Albert Magnus errichtet im Dominikanerkloster Heiliges Kreuz ein studium generale. Prominentester Schüler: Thomas von Aquin	
	1259	Das berüchtigte Stapelrecht wird verliehen	

Düsseldorf	Zeit	Köln	Und sonst
Schlacht auf der Fühlinger Heide bei Worringen	05.06.1288		Beide Städte stehen auf der Seite des Siegers Graf Adolf von Berg
Düsseldorf erhält Stadtrecht	1288		
Der erste Bürgermeister wird erwähnt	1303		
	1333		Der italienische Dichter Francesco Petrarca ist zu Besuch
142 Jahre später kann auch Düsseldorf urkundlich einen Stadtrat vorweisen	1358		
Erste urkundliche Erwähnung des Schlosses und des „Löwenhauses" (Gebäude des Landesherrn)	1382		
Stadt wächst von 4 auf 22 Hektar und beinhaltet jetzt auch Golzheim, Derendorf und Bilk	1384		
	1388		Gründung der Universität
	14.09.1396		Die neue Verfassung, der „Verbundbrief", tritt in Kraft: Die Gaffeln und Zünfte übernehmen die Macht
	1447		Vollendung des Gürzenich als Tanz- und Kaufhaus
	1465		Ulrich Zell, ein Gehilfe des Buchdruck-Erfinders Gutenberg, errichtet die erste Druckerei

Düsseldorf	Zeit	Köln	Und sonst
Eine Amtsordnung für Schuhmacher und Gerber wird erlassen	1472		
Das Schloss brennt	1492		
	1499	Der Verleger Johann Koelhoff veröffentlicht *Die Cronica van der hilliger stat van Coelln*	
Wieder brennt das Schloss	1510		Heirat Johanns von Kleve-Mark mit Maria von Berg, die die Herzogtümer Kleve, Jülich und Berg mit den Grafschaften Mark und Ravensberg zusammenführt
	1520	Universitätsprofessoren verbrennen Luthers Schriften auf dem Domhof	
Größere Bauarbeiten am Schloss. Errichtung der Kanzlei, eines Ball- sowie eines Pagenhauses	Ab 1520		
Kleve und Düsseldorf werden Zentralverwaltungen (Hauptstädte) des niederrheinischen Großterritoriums Jülich-Kleve-Berg	Um 1521		
	1528	Letzte schriftliche Zeugnisse von Arbeiten am Dom	
435 Jahre nach Köln baut auch Düsseldorf sein repräsentatives Rathaus	1570–1573		

Düsseldorf	Zeit	Köln	Und sonst
	1582	Erzbischof Gebhard I. von Waldburg-Trauchburg sagt sich öffentlich von der katholischen Kirche los	
Ein Jahr später heiratet er die evangelische Agnes von Mansfeld, Stiftsdame in Gerresheim	1583		
	1583	Mit der Wahl des Wittelsbachers Ernst von Bayern zum Erzbischof steht fest, dass Köln und das Rheinland katholisch bleiben	
Hochzeit Johann Wilhelms I. mit Jakobe von Baden	1585		
	1592		Tod Wilhelms V., der wegen der Größe seines Territoriums auch „Der Reiche" genannte wurde
	1602		Herzog Johann Wilhelm I. verstirbt ohne reguläre Erben
	1609–1614		Jülich-klevischer Erbstreit. Gemeinsame Regentschaft von Brandenburg und Pfalz-Neuburg. Freigabe des Religionsbekenntnisses
	1614		Konversion Wolfgang Wilhelms von Pfalz-Neuburg zum Katholizismus
	1632	Erste und einzige Bedrohung im Dreißigjährigen Krieg: Die Schweden besetzen Deutz	

Düsseldorf	Zeit	Köln	Und sonst
Offizielle Anerkennung der beiden protestantischen Gemeinden	1672		
Regierungszeit Johann Wilhelms von Pfalz-Neuburg	1679–1716		
	23.02.1686		Nach seinem gescheiterten Aufstand wird Nikolaus Gülich hingerichtet
Die Zitadelle ist als neues Stadtviertel weitgehend mit Bürgerhäusern bebaut. Langsam wächst der Knirps auf 8.500 Einwohner	Um 1700		Mit 40.000 Einwohnern kann Köln da nur müde lächeln
	1709		Gründung der Firma Farina, Produktionsbeginn von *Kölnisch Wasser*
	1714		Neun bedeutende protestantische Unternehmerfamilien verlassen Köln und siedeln sich in Mülheim an
	1740		König Friedrich II. besucht Köln. Die *Gazette de Cologne* ist die bedeutendste Zeitung Deutschlands
Bau des Rokokoschlosses im Park Benrath	1756–1770		
Fertigstellung von Schloss Jägerhof	1763		
Die Karlstadt wird angelegt	1787		

Düsseldorf	Zeit	Köln	Und sonst
	1788		Nach Tumulten und Protesten aus der Bürgerschaft muss der Rat seinen Beschluss zurücknehmen, den Protestanten die „stille Religionsausübung" zu gewähren
Düsseldorf ist mit etwa 20.000 Einwohnern nur noch halb so klein wie Köln	1790		Die Domstadt stagniert bei 40.000 Einwohnern
Französische Truppen beschießen Schloss und Stadt	1794		Köln hatten sie schon besetzt: Damit ist die reichsstädtische Freiheit, das „Kölner Mittelalter", beendet
Ein Jahr später haben die Franzosen auch Düsseldorf unter Kontrolle	1795		
	1798		Die Franzosen lösen die Universität auf ...
... und schleifen die Festungsanlagen	1801		
	1803		Gründung der ersten Handelskammer auf deutschem Boden
	1804		Der Boss kommt: Napoleon ist zu Besuch
Die berühmte Gemäldegalerie geht nach München	1805		
Düsseldorf wird Hauptstadt des Großherzogtums Berg	1806		
Jetzt besucht Napoleon auch Düsseldorf ...	1811		... und tadelt Köln: „Geht nach Düsseldorf und lernt dort, wie man einen Kaiser empfängt"

Düsseldorf	Zeit	Köln	Und sonst
	1815		Nach dem Wiener Kongress wird das Rheinland Preußen zugeschlagen
Prinz Friedrich von Preußen residiert bis 1848 in Schloss Jägerhof	1821		
Die Städte wachsen weiter: 23.000 Einwohner	1822	56.000 Einwohner	
	1823	Das Festkomitee Kölner Karneval wird gegründet und veranstaltet den ersten organisierten Rosenmontagszug in Köln	
Düsseldorf wird Sitz des Provinziallandtags	1824		
Auch Düsseldorf wird närrisch und hat zwei Jahre nach Köln seinen ersten Rosenmontagszug	1825		
	1836		Es geht auch gemeinsam: Die Köln-Düsseldorfer Rheindampfschifffahrtsgesellschaft wird geboren
Eröffnung der Eisenbahnstrecke Düsseldorf–Erkrath	1838		Der Kapitän einer Kölner Dampfschifffahrtsgesellschaft setzt sein Dampfer *Leopold* bei Assmannshausen auf Grund, nachdem er sich ein tollkühnes Manöver mit einem Düsseldorfer Schiff geliefert hat

Düsseldorf	Zeit	Köln	Und sonst
	1839	Gründung der Kölnischen Feuer- und Unfall-versicherungs AG (fusioniert später mit der National Allgemeinen Versicherungs-AG Lübeck zur Colonia)	
	1842	Karl Marx wird Chefredakteur der Rheinischen Zeitung	
	1843		„Rhein-, Fest- und Verbrüderungsfahrt von Kölner Bürgern nach Düsseldorf". Grund der Freude: Abgeordnete hatten den Entwurf eines preußischen Strafgesetzbuches an den König zurückge-schickt. Friedrich Wilhelm IV. war über diese „unanständigen Auftritte" arg verärgert
	1845	Einrichtung der Eisenbahnstrecke von Köln-Deutz nach Düsseldorf	
Weshalb an der Kastanienallee (heutige Kö) ein zweiter Bahnhof entstand			
	1848	König Friedrich Wilhelm IV. besucht das Dombaufest	
Danach macht der Regent einen Abstecher zu Prinz Friedrich auf Schloss Jägerhof. Während der König über die Kastanienallee rollt, wird er von Demonstranten ausgepfiffen und mit Pferdeäpfeln beworfen			

Düsseldorf	Zeit	Köln	Und sonst
Bürger versuchen, die Verlegung hier stationierter Soldaten zum Kampf gegen Aufständische in Elberfeld zu verhindern. Es kommt zu blutigen Barrikadenkämpfen mit mehreren Toten. Seitdem gilt Düsseldorf in Berlin als „Hauptherd der Anarchie im Rheinland"	1849		
	1859		Der Central-Personenbahnhof wird fertiggestellt. Eine feste Brücke überspannt den Rhein (neben Koblenz die erste seit der Römerzeit)
Ferdinand Heye gründet die Gerresheimer Glashütte	1864		Eugen Langen und Nicolaus August Otto gründen in der Altstadt das älteste Motorenwerk der Welt: N. A. Otto & Cie
Und wieder brennt das Schloss, diesmal wird es weitgehend zerstört	1872		
	1880		Der Dom findet nach 650 Jahren Bauzeit seine Vollendung
Mit 100.000 Einwohnern ist Düsseldorf nun Großstadt	1881		Die Kölner beginnen mit dem Abriss ihrer Stadtmauer
	1888		Nach zahlreichen Eingemeindungen kommt Köln auf 250.000 Bürger

Düsseldorf	Zeit	Köln	Und sonst
Eröffnung der *Allgemeinen Städtischen Krankenanstalten* mit einer Akademie für praktische Medizin (der Grundstein der späteren Universität)	1907		
Eingemeindung von Wersten, Eller, Gerresheim, Heerdt, Himmelgeist, Ludenberg, Rath, Stockum und Vennhausen	1908/09		
Es steht 360.000 Einwohner ...	1910		
	1913	... zu 640.731 Einwohner	
	1918	Britische Truppen marschieren ein	
	1919	Wiedereröffnung der Universität	
Erneut besetzen die Franzosen die Stadt	1921–1925		
	1923	Das Müngersdorfer Stadion wird fertiggestellt	
Fertigstellung des Wilhelm-Marx-Hauses, des ersten Bürohochhauses Deutschlands	1924		
Flughafen und Rheinstadion werden eröffnet	1925	Im Kaufhaus Tietz nimmt die erste Rolltreppe Deutschlands ihren Betrieb auf	
	1930	Ford legt den Grundstein für das Werk in Niehl	
Zur Machergreifung leben in Düsseldorf 500.000 Einwohner	1933	Und in Köln 760.000 Einwohner	

Düsseldorf	Zeit	Köln	Und sonst
	1936	Deutsche Truppen marschieren in die entmilitarisierte Stadt ein	
In der Reichspogromnacht brennen sowohl in Düsseldorf	1938		
		als auch in Köln die Synagogen	
Aus beiden Städten	1940	werden Menschen deportiert	
Beginn der Großangriffe	1942	auf Düsseldorf und Köln	
Der Präsident der Karnevalsvereine, Leo Statz, wird wegen „defätistischer Reden" über Hitler zum Tode verurteilt	1943		
Erst übernehmen Amerikaner, dann Briten die Macht	1945	Auch hier kommen nach den Amerikanern die Briten. Das wenig beschädigte Millowitsch-Theater eröffnete auf Drängen Adenauers bereits wieder im Oktober	
Düsseldorf wird Landeshauptstadt	1946		
Kay und Lore Lorentz gründen das Köm(m)ödchen	1947		
Das wiedererbaute Ständehaus wird als Landtagsgebäude genutzt	1949		
Gegen die Konkurrenz von Frankfurt und Köln setzt sich Düsseldorf als neuer Laufsteg der IGEDO durch. Die Interessengemeinschaft Damenoberbekleidung präsentiert sich zunächst auf der Kö, später im Ehrenhof			

Düsseldorf	Zeit	Köln	Und sonst
Toni Turek, Düsseldorfer Torwart und frischge- backener Fußballwelt- meister, wird von 200.000 Menschen empfangen	1954		
	1955		Der *WDR* startet mit zwei Hörfunkprogrammen
	1956		Wiedereröffnung des Doms
Otto Piene und Heinz Mack gründen die Künstlergruppe *Zero*, der sich 1961 Günther Uecker anschließt	1957		
Historischer Höchststand von 705.391 Einwohnern	1962	827.000 Einwohner	
	1968		Die erste Teilstrecke der U-Bahn wird in Betrieb genommen
Auch Düsseldorf geht unter die Erde: erster Spatenstich der U-Bahn	1973		
	1975		Durch Eingemeindungen ist Köln 18 Monate Millionenstadt (bis Wesslingen sich freiklagt)
Verschiebung der Oberkasseler Brücke	1976		
Papst Johannes Paul II. küsst notgedrungen Düsseldorfer Boden, nachdem er wohl- behalten auf dem Flughafen in Loh- hausen gelandet ist	1987		Danach fährt er sofort ins römisch-katholische Köln. Bereits 1980 hatte er der Domstadt die Ehre erwiesen, kam aber damals von Wahn

Düsseldorf	Zeit	Köln	Und sonst
Eröffnung des neuen Landtags auf dem zugeschütteten Berger Hafen	1988		
Das *WDR*-Landesstudio nimmt seine Arbeit auf	1991		
Fortuna Düsseldorf feiert 100-jähriges Vereinsjubiläum	1995		
Eröffnung der Gehry-Bauten	1999	Der Weltwirtschaftsgipfel G8 tagt	
Schließung der Gerresheimer Glashütte Eröffnung der *LTU*-Arena	2005		
	2008	Ford meldet Kurzarbeit an	
Zweitgrößte Stadt in NRW mit 584.217 Einwohnern	2009	Mit 995.420 Einwohnern unangefochten die größte Stadt in NRW	
	03.03.2009	Infolge des U-Bahn-Baus stürzt das Historische Archiv ein	
Düsseldorfer und	2010	Kölner Karnevalisten streiten über einen Motivwagen von Jaques Tilly	
Düsseldorf wächst gegen den Trend von NRW und marschiert auf die 600.000 zu		Endlich wieder Millionenstadt! Ende Mai zählt Köln genau 1.000.298 Einwohner	
Fortuna Düsseldorf steigt nach 17 Jahren wieder in die 1. Fußball-liga auf – wenn auch nur für eine Saison	2012	Die Millionenstadt muss in die 2. Liga	

Wat soll dat denn heißen?
Ein Glossar

Aaschjeseech = Gesicht, das Ähnlichkeit mit dem Allerwertesten hat

Bangendresser = Jemand, dem angst und bange ist

Blästurz = Paukenschlagartige Flatulenz

Blötschnas = Dummkopf; jemand mit einer Delle (Blötsch) an der Nase

Dähz = Kopf

Doll = Verrückter

Dries = Mist

Düssi = Kurzform für Düsseldorfer

Enjebilte Penn = Hochnäsige Person

Fiese Möppin = Weibliche Form vom fiesen Möpp: widerlicher Mensch

Flabes = Läppischer, alberner Kerl

Flönz = Blutwurst

Futzemann = Angeber

Hätz = Herz

Heimdücker = Hinterlistige, intrigante Person

Immi = Nicht-Kölner, Zugezogener

Jeck = Narr

Kackaasch = Kleiner Junge

Kamesölen = Verprügeln

Klaafschnüss = Verleumderische Person

Knubbelfutz = Kleiner, rundlich-dicker Kerl

Köbes = Brauhaus-Kellner

Krabitzisch = Aufsässig, reizbar

Krätzkessänger = Interpret volkstümlicher Lieder

Krat = Kröte

Mostert = Senf

Pellendresser = Jemand, der sich an Kleinigkeiten aufhält

Plackfisel = Plack = Ausschlag; schmutzige, widerliche Person

Prümsig = Popelig

Schäl = Schlecht, falsch

Schlonz = Unordentlicher, unsauberer Mensch

Schnorres = Gewichster, üppiger Schnurrbart

Sick = Seite

Stinkstivvel = Stinkstiefel

Sülzkopp = Schweinekopf

Tüttenüggel = Rotznase; eigentlich Kleinkind, das noch an der Mutterbrust (Tütte) hängt. Im übertragenen Sinne wird damit auch auf den Naiven, den Ahnungslosen abgezielt

Woosch = Wurst

Was habe ich woher?
Das Literatur- und Quellenverzeichnis

Bösken, Clemens-Peter: Zünder und Gerechte, Grupello Verlag,
Düsseldorf 2002.

Dietmar, Carl: Das mittelalterliche Köln, J. P. Bachem Verlag,
Köln 2006.

Dietmar, Carl und Jung, Werner: Kleine illustrierte Geschichte der
Stadt Köln, J. P. Bachem Verlag, Köln 1996.

Dross, Fritz: Kleine Düsseldorfer Stadtgeschichte,
Verlag Friedrich Pustet, Regensburg 2007.

Färver, Jupp: Kölner Schimpfwörter, J. P. Bachem Verlag, Köln 2003.

Forte, Dieter: Das Muster, S. Fischer Verlag, Frankfurt am Main 1992.

Freundeskreis Düsseldorfer Buch 75 e. V. (Hrsg.): Theo Lücker: Die
Düsseldorfer Altstadt – wie sie keiner kennt, Verlag der Goethe-Buchhandlung Düsseldorf, Düsseldorf 1984.

Lorentz, Lore und Mayer, Thomas: Düsseldorf und der Düsseldorfer,
Eulen-Verlag, Freiburg im Breisgau 1985.

Muschka, Wilhelm: Opfergang einer Frau,
Verlag Schwarz, Baden-Baden 1987.

Pädagogisches Institut der Landeshauptstadt Düsseldorf (Hrsg.):
Dokumentation zur Geschichte der Stadt Düsseldorf, Bd. 11:
Unter französischer Herrschaft 1806–1815, Düsseldorf 1988.

Riemenschneider, Heinrich: Theatergeschichte der Stadt Düsseldorf,
Verlag der Goethe-Buchhandlung Düsseldorf, Düsseldorf 1987.

Weidenhaupt, Hugo: Die kleine Geschichte der Stadt Düsseldorf,
Triltsch, Düsseldorf 1983.

➡ Während eines Trinkgelages mit dem Autor Clemens-Peter Bösken in einem Düsseldorfer Brauhaus hörte ich zum ersten Mal vom Kölner Stapelrecht. „Das musst du berücksichtigen", mahnte er, „wenn du sachkundig über Kränkungen schreiben willst." Clemens ist ein Kenner der regionalen Geschichte und verfügt über ein stupendes Gedächtnis. Als Richter pflegt er außerdem einen angstfreien Umgang mit Stadt- und Staatsarchiven und spürte für das Buch hochspannende Dokumente auf. Überhaupt das Näschen. Wie ein Drogenhund entdeckt er noch Spurenelemente eines textlichen Widerspruchs und bedeutet für alle Fehlerteufel das nackte Grauen. Selbstironisch nannte er sich Eckermann. Und so variiere ich mit Goethe: „Boesken bleibt, wegen fördernder Teilnahme, ganz unschätzbar."

Wichtige Hinweise zum Thema Rivalität Köln-Düsseldorf gaben mir auch die Historiker Christian Knorpp und Kajo Trottmann. Mit viel Geduld ertrugen sie mein rudimentäres Geschichtswissen und ließen sich sogar auf psychologische Fragestellungen ein, die dem deutschen Historiker ja eher als schlüpfrig gelten. Mit Hingabe und wie eine Dampfmaschine plaudernd, führte mich Knorpp durch sein Köln. Und Trottmann wurde nicht müde, dabei wie eine Lokomotive schmauchend, mir die unterschiedlichen Immigrantenströme und ihre Ursachen auseinanderzudröseln. Danke!

Von Detlef Becker hörte ich erstmals die unerhörte Geschichte, dass es in Köln ein Jan-Wellem-Denkmal geben soll. Der Vorsitzende von vierunddreißig Vereinen versorgte mich darüber hinaus liebevoll mit historischen Arbeiten zu Köln und Düsseldorf, die zum Teil Raritäten sind. Becker hat einen Traum. Eines Tages wird es auf der Fühlinger Heide im Stadtteil Worringen einen Hinweis auf die historische Schlacht bei Worringen geben, die Kölner und Düsseldorfer Bürger „in großer Einmütigkeit" gegen den Erzbischof schlugen.

Viel Zeit nahmen sich der ehemalige Feuilletonchef der *Rheinischen Post,* Reinhard Kill, und der Kunstredakteur Bertram Müller für meinen Streit am Rhein, damit ihr ehemaliger Kollege bloß keinen Blödsinn schreibt. Kill stellte für das Buch sogar einen offenen Briefwechsel mit seinem Kollegen Rainer Hartmann vom *Kölner Stadtanzeiger* zur Verfügung, der die alten Rivalitäten zum Thema hat. Aussagen der 1993 veröffentlichten Artikel ließen sich wunderbar in den komödiantischen Boxkampf einarbeiten. Wie überhaupt einhellig die Meinung unter den Journalisten vorherrschte, das Thema bitte mit dem nötigen Unernst anzugehen. Denn unter aufgeklärten Menschen gilt die Konkurrenz zwischen Köln und Düsseldorf als überholt. Na gut, aber leben wir in einer aufgeklärten Zeit?

Der berühmte Brechtschüler und Theaterregisseur Peter Palitzsch öffnete mir die Augen, dass auch kritisches Theater nicht vor Vernunftwidrigkeiten schützt.

Palitzsch äußerte sich in einem Gespräch mit mir abfällig über Düsseldorf. Die üblichen Klischees, was mir zunächst schlüssig schien, da ein ehemaliges Mitglied des *Berliner Ensembles* einfach so reden musste. Nach dem Interview in einer leer stehenden Oberbilker Fabrikhalle bot Palitzsch an, mich mit in die Stadt zu nehmen. Und dann enterte er mit seinem proletarischen Outfit einen amerikanischen Sportwagen, eine Corvette, was ziemlich verrückt aussah: Mann mit Mao-Kragen im chromglänzenden Superschlitten. Passte prima zu Düsseldorf! Aber wieso musste er vorher über die konsumorientierte Stadt lästern? Durch Peter Palitzsch begriff ich, dass Düsseldorf für so manchen Erfolgreichen eine Entlastungsfunktion hat. Das Phänomen der „Bad Bank" als moderne Variante des Ablasses. Wer Düsseldorf eine Schickimickistadt nennt, der ist als Kapitalist reingewaschen, auch wenn er mit klammheimlicher Wonne ein Bürger von Mahagonny ist. Das muss wohl marxistische Dialektik sein.

UND AUF WESSEN SEITE
STEHST DU JETZT?